Zeugen des Jahrhunderts

Günter de Bruyn

Was ich noch schreiben will

In der Reihe »Zeugen des Jahrhunderts«
sind bereits erschienen:

Jean Améry: Der Grenzgänger
Rudolf Arnheim: Zauber des Sehens
Rudolf Augstein: Macht und Gegenmacht
Bruno Bettelheim: Erziehung zum Leben
Marta Feuchtwanger: Leben mit Lion
Karlfried Graf Dürckheim: Der Weg ist das Ziel
Hildegard Hamm-Brücher: Mut zur Politik
Wolfgang Hildesheimer: Ich werde nun schweigen
Hans Jonas: Erkenntnis und Verantwortung
Wolfgang Koeppen: Ohne Absicht
Heinrich Maria Ledig-Rowohlt: Prince Henry
Friedrich Luft: Die Stimme der Kritik
Elisabeth Mann Borgese: Die Meer-Frau
Yehudi Menuhin: Wunderkind und Weltgewissen
Freya von Moltke: Die Kreisauerin
Gottfried Reinhardt: Hollywood, Hollywood
Alphons Silbermann: Glücklich und bedeutsam
Hilde Spiel: Die Grande Dame
Erwin Strittmatter: Nur, was ich weiß und fühle

Günter de Bruyn

Was ich noch schreiben will

Gespräch mit Ingo Hermann
in der Reihe
»Zeugen des Jahrhunderts«

herausgegeben von Ingo Hermann

Lamuv

Redaktion:
Leonore Frester

Bitte fordern Sie unser kostenloses Gesamtverzeichnis an:
Lamuv Verlag, Postfach 26 05, D-37016 Göttingen

1. Auflage 1995

Umschlaggestaltung: Gerhard Steidl
unter Verwendung eines Fotos von Isolde Ohlbaum
Gesamtherstellung: Steidl, Göttingen
Printed in Germany
ISBN 3-88977-422-9

Inhaltsverzeichnis

Anhang

1987

Was noch berichtet werden muß

Wir trafen uns in Berlin, in der Stadtwohnung von Günter de Bruyn in der Pillauer Straße. Vorausgegangen war nur ein kurzes Gespräch in Heidelberg, am Rande einer Lesung im überfüllten Ladenraum einer Buchhandlung. Jetzt trat ich an mit dem offenbar furchterregenden Gefolge eines Fernsehteams. Kameras, Stative, Lampen, all die Geräte für die Speicherung von Bild und Ton und Kabel über Kabel verwandeln zwei Zimmer der Wohnung in jenes Chaos, aus dem am Ende die Aufzeichnung eines ruhigen, versammelten Gesprächs mit einem »Zeugen des Jahrhunderts« aufsteigen muß wie der Phönix aus der Asche.

Günter de Bruyn betrachtet die Veränderung seiner Wohnwelt mit einer Mischung aus Erstaunen und Furcht. Er hält sich an seiner Pfeife fest und erzählt von seiner Schreibklause auf dem Land und davon, daß er eigentlich sowieso kaum in Berlin wohne.

Auf einmal entsteht Aufregung unter den Kollegen von der Beleuchtung. Die Lampen flackern, irgendwo zischelt es – der Strom aus dem Stecker und die eigene Elektrik sind nicht kompatibel. Ein Transformator muß her. Telefonieren mit dem Berliner Studio – anderthalb Stunden würde es wohl dauern, bis die Rettung per Taxi eintreffen würde.

So ein Aufschub kann die Ängste und Befürchtungen eines noch nicht medienerfahrenen Zeugen bis zum Zittern steigern. Was also tun? Wie die Zeit verbringen bis zum erlösenden »Kamera läuft«? Fragende Blicke. Dann krame ich meine Pfeifen hervor – mitgebracht hatte ich sie für die Stunde der Entspannung nach dem Gespräch vor der Kamera. Welchen Tabak rauchen Sie? Darf ich mal probieren? Setzen wir uns doch ...

Fünf Meter neben dem Chaos stehen zwei Sessel. Ich bin froh, daß es Biedermeiersessel sind, die den aufrechten Sitz erlauben. Wir müssen die Zeit also nicht in jenen Pfühlen verbringen, die unter dem Namen Clubsessel das Rückgrat, den Geist und die Seele erschlaffen lassen. Günter de Bruyn besitzt so etwas auch gar nicht. Ich denke an meine journalistischen Lehrmeister, die mir geraten haben: vor einem Gespräch im Hörfunk oder Fernsehen nur übers Wetter reden, nie über die Gegenstände des Interviews selbst. Aber was sollten wir schon über das Wetter sagen? Günter de Bruyn scheinen ähnliche Gedanken in seinem Kopf zu bewegen. Jedenfalls geschieht etwas, was vielleicht nur bei Pfeifenrauchern möglich ist: Wir sprechen überhaupt nicht. Statt dessen: sorgfältig die Glut im Pfeifenkopf hüten, bedächtig Qualm entwickeln, durch den man das Gegenüber immer mal betrachten kann ... Gelegentliche Stimmfühlung durch rudimentären Small talk. Interviewer und Zeuge werden ruhig, sehr ruhig, warten nicht einmal mehr. Der Augenblick ist alles.

Dann aber siegt – zwischen zwei Augenblicken – meine Neugier: Haben Sie Ihre Stasi-Akte schon einsehen können? Nein. (Vgl. S. 51) Wollen Sie sie sehen? Ja, natürlich.

Das war am 22. Januar 1993. Wenige Wochen später hat er sie gelesen. In der »Frankfurter Allgemeinen« vom 18. Februar 1993 erscheint ein Beitrag von Günter de Bruyn, in dem er seine Gedanken zum Umgang mit den Stasi-Akten niederschreibt – Gedanken, wie sie bis heute nur selten zu lesen sind. »Ich war... schon vor mir gewarnt, als mir in diesen Tagen endlich Einblick in meine Akten gegeben wurde, und doch traf der Schlag mich wie unvorbereitet, als ich im Wust der in Jahrzehnten angesammelten Spitzelberichte, Abhörprotokolle und Briefkopien aus einer davorliegenden und danach verstärkt einsetzenden Observierungsphase zu den Berichten über die Gespräche mit dem IM ›Roman‹ gelangte, der dem Major, der den Namen Wild führte, in die Falle gegangen war... Es war mir physisch unmöglich, die Gesprächsberichte, deren Zahl größer war als erwartet, gleich zu lesen. Die Angst war wieder da, die mich damals beherrscht hatte... Aber größer als Angst und Wut war die Scham...«

Dies ist es, was dem Protokoll der Gespräche mit Günter de Bruyn, die in diesem Buch vorgelegt werden, hinzugefügt werden muß. Er, der Bespitzelte, der Unrichtigkeiten der Akten, strotzende Fehler und freie Erfindungen der Spitzel nachweisen kann, muß sich eingestehen, daß seine Literatur das System, das sie kritisierte, zugleich auch gestützt hat. »Zu einer Antwort auf die die Stasi-Debatte erst sinnvoll machende Frage, wie eine ungeliebte Diktatur sich so lange zu halten vermochte, gehört nun auch ein Fingerzeig auf sich selbst.«

Wer so schreibt, gehört in besonderer Weise zu den Zeugen dieses Jahrhunderts. Je seltener eine derartige Stimme zu hören ist, desto wichtiger ist sie. Glücklicherweise wird wenigstens dies immer klarer begriffen. Ein Indiz dafür mag die öffentliche Anerkennung sein, die Günter de Bruyn inzwischen erfährt – auch darüber muß hier noch berichtet werden: Der Schriftsteller, der den Nationalpreis der DDR mit dem Hinweis auf die »Starre, Intoleranz und Dialogunfähigkeit« der DDR-Regierung ablehnte, wurde inzwischen und an anderen Orten mit Preisen nahezu überhäuft: zum Beispiel mit dem Heinrich-Böll-Preis der Stadt Köln, dem Thomas-Mann-Preis der Stadt Lübeck und dem Großen Literatur-Preis der Bayerischen Akademie der Schönen Künste . . .

Vielleicht spiegelt die Anerkennung aber auch die Dankbarkeit für einen Schriftsteller, der ehrlich ist und die Deutschen dennoch nicht der Resignation überläßt. In einem »Spiegel«-Interview vom Juli 1994 wird Günter de Bruyn gefragt, ob der Graben zwischen den Deutschen in Ost und West nicht immer breiter werde. Seine Antwort: »Nein, nur sichtbarer, und mit der Zeit wird er schmaler werden. Die heranwachsende Generation wird die Vorurteile ihrer Eltern und Großeltern bald lächerlich finden.«

Ingo Hermann

Was ich noch schreiben will

Das Gespräch wurde am 22. Januar 1993
in Berlin aufgezeichnet

Die Wende

Günter de Bruyn, knapp zwei Jahre nach der Wende, im November 1989, las ich in der »Frankfurter Allgemeinen Zeitung« einen Satz, der mich neugierig auf Sie gemacht hat. Da schrieb Frank Schirrmacher: Wenn irgend jemandem zuzutrauen wäre, ernsthaft und unnachsichtig über Ost und West, über die untergegangene DDR, über Verbrechen und falsche Hoffnungen zu schreiben, dann ist das Günter de Bruyn. Wie erklären Sie sich diese Aussage?

Ich weiß nicht genau, was Frank Schirrmacher sich dabei gedacht hat. Als ich das damals gelesen habe, hat es mich natürlich gefreut, aber andererseits auch ein bißchen erschreckt, weil plötzlich ein Erwartungsdruck da ist, dem man sich nicht gewachsen fühlt. Erklären kann ich mir die Äußerung nur dadurch, daß Schirrmacher in mir einen guten Beobachter sieht.

Sie sind dadurch ein bißchen zum intellektuellen und literarischen Gewährsmann der Wende geworden. Das heißt, all derer, die darüber nachgedacht haben, was vorher und was dann war. Wie sieht das denn aus Ihrer Sicht aus? Haben Sie sich selbst über diesen Drehpunkt hinweg verändert?

Nein. Die Geschehnisse haben mich erschüttert, mich gefreut, ich war nicht etwa gelassen, aber geändert haben sie mich nicht, nicht als politisch Denkenden, nicht als Autor. Ich schrieb damals am ersten Teil meiner Autobiographie, der »Zwischenbilanz«, und habe weitergeschreiben, als sei nichts geschehen. Denn der Zusammenbruch hat mich zwar überrascht und gefreut, doch als Wende in meinem Leben habe ich ihn nicht empfunden.

Was war denn anders für die Menschen, die das so ganz als einen Bruch in ihrem Leben empfunden haben?

Jeder mußte das natürlich als einen Bruch empfinden, der innerlich stark mit der DDR verbunden war. Ich hatte immer ein sehr distanziertes Verhältnis. Ich habe die DDR vom Anfang bis zum Ende miterlebt, hatte aber immer das Gefühl, daß ich mich selbst nie mit dem Staat identifiziert habe und auch gedanklich immer darüber stand. Das war kein Bruch, der mich persönlich betraf.

Sie sagten gerade, daß Sie einfach so weitergemacht haben. Wie war das in den letzten Tagen der DDR? Sie saßen irgendwo auf dem Land und schrieben an der »Zwischenbilanz«, haben also einfach weitergearbeitet?

Nein. So bitte ich das nicht aufzufassen. Mich haben die Vorgänge natürlich sehr mitgenommen.

Waren Sie in Berlin?

Ja, ich war in Berlin. Und da gab es natürlich eine Unterbrechung meiner Arbeit, eine ziemlich große sogar. Einmal durch die Geschehnisse, die ja auch vorhergingen, denn dem 9. November ging ja allerhand voraus. Und ich bin in den letzten Wochen immer in Berlin gewesen, um das alles mitzuerleben. Ich war ja auch am 4. November bei der großen Demonstration dabei und habe das schon sehr intensiv miterlebt. Danach kam eine lange Zeit, wo ich mich auch schriftstellerisch unmittelbar mit diesen Vorgängen beschäftigte. Im Dezember habe ich einen größeren Essay geschrieben, der »Zur Erinnerung« hieß und die gerade geschehenen Ereignisse schon reflektierte. Unterbrechungen an der »Zwischenbilanz« gab es also. Aber das Buch hat sich durch das Geschehene nicht verändert.

Ich muß noch ein bißchen dabei bleiben, denn Sie haben sich ja seither immer wieder zu Wort gemeldet, reflektierend und nachdenkend, fast so, als könnten Sie es selbst noch nicht fassen, als müßten Sie es noch auf den Begriff oder auf die Worte bringen, was da geschehen ist?

Ja, so war das auch.

Sie haben in Reden, Preisreden oder anderen öffentlichen Auftritten immer wieder davon geredet, so daß ich Sie fragen möchte, was ist denn eigentlich geblieben? Wir sind ja jetzt schon wieder einige Jahre weiter, und man kann von einer anderen Warte aus zurückblicken. Was kann eigentlich bleiben von den 40 Jahren? Ist alles in den Mülleimer der Geschichte gefallen? Oder sehen Sie aus Ihrer Innensicht in den 40 Jahren etwas, was bleibt?

Was bleibt, das sind bestimmt die Erfahrungen, die die Menschen in den 40 Jahren gemacht haben. Von der DDR wird, glaube ich, wenig bleiben, da auch ihr Gutes nur Kehrseite des Schlimmeren war. An die zerbrochenen Biographien, von denen oft die Rede ist, kann ich auch nicht recht glauben, da das Leben doch nicht nur aus Politik besteht und auch Neuansätze zu ihm gehören. Man darf nicht vergessen, daß das Leben in der DDR nicht nur Unterdrückung und Eingesperrtsein bedeutete, sondern auch ganz normales Leben war.

Wenn man nach dem Bleibenden fragt, heißt das ja nicht unbedingt, daß man nach etwas fragt, was erhalten werden sollte, sondern was einfach automatisch bleibt. Das haben Sie ja auch angesprochen, die Erfahrungen, die gemacht worden sind. Aber, wenn man sich jetzt als neugieriger Mensch aus dem Westen fragt, was bleibt, dann hat man ja auch immer ein bißchen die Vermutung, daß Denkmuster, Gefühlsmuster, Erfahrungsmuster bleiben, ganz gleich, ob man sie positiv oder negativ bewertet. Entdecken Sie da etwas, womit wir in der nächsten Zeit noch rechnen müssen oder rechnen dürfen?

Tja, da bin ich selbst unsicher. Denn so wie bisher diese Entwicklung verlaufen ist, ist sie, also auch im

Politischen, meine ich, eigentlich immer anders verlaufen, als ich sie mir vorgestellt hatte. Zum Beispiel am 9. November 1989, als die Mauer geöffnet wurde, habe ich noch nicht daran geglaubt, daß es zu einer Einheit der beiden deutschen Staaten kommt. Ich hätte sie gewünscht, aber...

Was wäre denn überhaupt eine Alternative gewesen?

Mir ist völlig klar, daß es keine gab, aber ich weiß auch genau, daß ich in der Zeit, wie fast alle Leute, gedacht habe: Die Vereinigung der deutschen Staaten läßt die Sowjetunion und lassen auch die anderen europäischen Staaten nicht zu.

Was haben Sie sich denn konkret denken können? Daß, wenn die Mauer wegfällt, die Menschen von Ost nach West strömen und man sich umgekehrt besucht? Was hätte daraus anderes werden können?

Nein, ich weiß heute, daß das nichts anderes hätte werden können. Aber in der Zeit war es so, daß ich mir gerade diese, die staatliche Einheit, noch nicht vorstellen konnte. Ich habe das für einen unrealistischen Wunsch gehalten, auch in dieser Zeit. Heute kommt einem das, weil man die Tatsachen rückblikkend weiß, schon so vor, als hätte man es wissen müssen. Aber ich – und es ging ja nicht nur mir so – wußte es nicht, und die Politiker wußten es vielleicht auch noch nicht.

Es gab ja sicher auch viele, die sich eine Veränderung der DDR gewünscht haben, vielleicht eine Demokratisierung, ohne daß sie damit aber auch schon die Einheit in dieser Form, wie wir sie jetzt haben, verifiziert sehen wollten?

Ja, sicher, so etwas habe ich mir in dieser Zeit natürlich auch vorgestellt. Obgleich ich nachträglich sage, das ist ein Unsinn, jetzt darin irgendwelche verlorenen Hoffnungen zu sehen, weil dieser Staat einfach bankrott war. Es gab gar keine andere Möglichkeit.

Wenn man jetzt einmal vom Staatlich-Politischen absieht und an die Menschen denkt, da muß man ja eines wohl beachten, daß viele in der DDR aufgewachsen sind und nie etwas anderes gekannt haben. Die etwas Älteren haben vorher das Nazi-Regime erlebt, und diese Gesamtzeit umfaßt ja nun inzwischen 60 Jahre. Sie haben selbst einmal öffentlich nachgedacht über die Folgen der Indoktrinierung. Was passiert eigentlich mit Menschen, die in zwei Systemen immerzu indoktriniert worden sind? Wie denken die, wie leben die heute, wo das plötzlich, mehr oder weniger jedenfalls, wegfällt? Ist da ein Vakuum entstanden oder lebt davon irgendwas weiter?

So eine Art Vakuum ist da natürlich entstanden. Als in der Zeit vor dem Ende der DDR die große Auswanderungswelle begann, waren es ja vorwiegend junge Menschen, die weggegangen sind. Damals habe ich mir gedacht, daß die politische Erziehung in der DDR vollkommen ergebnislos gewesen ist. All diese jungen Leute, die schon vom Kindergarten an zu Sozialisten gemacht werden sollten, sind offensichtlich keine geworden. Auch als die Einheit auf der Tagesordnung stand, im Jahre 1990, hatte ich die optimistische Vorstellung, daß das Zusammenwachsen der beiden deutschen Teile relativ einfach vor sich gehen würde, weil ich das Gefühl hatte, daß die ganze Erziehung der 40 Jahre vergeblich gewesen sei. Ich habe mich da inzwischen sehr revidieren müssen. Was zurückgeblieben ist, ist zwar nicht etwa ein Volk von Marxisten-Leninisten, das überhaupt nicht. Das ist anscheinend wirklich spurlos vorbeigegangen. Aber es sind natürlich Leute, die nur ein Leben in dieser Art Diktatur, wie sie die DDR darstellte, kennen. Das heißt in erster Linie Leute, die nicht gewohnt sind, für sich selbst zu sorgen, die relativ unselbständig sind, nicht nur im Denken, sondern auch im alltäglichen Leben. Die DDR, das Leben in der DDR, hatte ja für Leute, die nicht politisch direkt verfolgt waren, etwas relativ Bequemes. Es war sozial abgesichert, das Leben, und wenn man ein bißchen bedürfnisloser war, hatte man immer die Vorstellung, daß man sich vom Kindergarten bis ins Rentenalter eigentlich um sich selbst nicht weiter kümmern muß. Es war ein relativ bequemes Leben. Das Leben nach der Wende aber erfordert eine Energie, die niemand gewohnt war.

Also der Preis der Freiheit ist schwerer, als Sie gedacht haben?

Ja, ich glaube schon.

Utopien

Sie hatten es ja zu tun mit einer sozialistischen Utopie, und als solche ist sie gescheitert. Glauben Sie, daß damit jeder Gedanke an eine Utopie, an eine gesellschaftliche Utopie vorbei ist?

Nein, ich halte es für unsinnig, daß man Utopien jetzt oft grundsätzlich zu Grabe trägt. Wissen Sie, wenn man den Begriff Utopie weiter faßt, also von Hoffnung auf irgendeine andere Art von Leben redet, lebt jeder einzelne, und ich glaube auch eine Gesellschaft, immer in irgendeiner Weise von Utopien.

Die gesellschaftliche Rolle von Utopien ist in den letzten Jahrhunderten immer wieder betont, immer wieder anerkannt worden. Welche Elemente einer Zukunftsvorstellung, einer Utopie, würden Sie denn jetzt überhaupt sehen, nach dem Zusammenbruch der stärksten, geschichtsmächtigsten Utopie, wenn auch nur über 40 oder wie in der Sowjetunion über 50 oder 60 Jahre?

Ich sehe für eine Form von kommunistischer Utopie im Augenblick keine Chancen. Aber wenn man den Begriff Utopie weiter faßt, lebt jede Art von Politik von utopischen Vorstellungen. Auch wir leben doch im Augenblick von der vielleicht ebenso utopischen Vorstellung eines einheitlichen Europa.

Also eine Zukunftsvision?

Ja, in dem Augenblick, wo ich überhaupt handele im Leben oder auch in der Politik, habe ich doch immer ein Ziel, das vielleicht nie erreicht werden kann, aber auf das ich hinarbeite.

Zwischen Glauben und Nichtglauben

Sie haben von Ihrer Distanz zur DDR gesprochen. Und aus Ihrer Autobiographie, der »Zwischenbilanz«, wissen wir, daß Sie auch zu dem Nazi-Regime eine höchst persönliche Distanz hatten. Ich habe das immer als besonders auffällig empfunden, wie Sie es geschafft haben, ich möchte fast sagen, wie ein intellektueller Schweyk, sich rauszuhalten aus Entwicklungen, die Sie nicht voll mittragen konnten oder wollten. Was glauben Sie, hat Ihnen die Kraft gegeben, gewissermaßen einen unabhängigen Kopf zu behalten, während der Nazi-Zeit und auch während der DDR-Zeit?

Vorweg möchte ich dazu sagen: Ich empfinde das nicht als persönlichen Verdienst, sondern ich habe nie anders können. Nie bin ich in der Situation gewesen, daß ich mich vor Verführung hätte hüten müssen, die war für mich nie da. Ich erkläre mir das durch eine Geprägtheit in jugendlichem Alter. Ich habe ja mein ganzes Leben unter Diktaturen verbracht. Und in der zweiten Diktatur hat mir die Erfahrung der ersten geholfen, weil ich, ob ich wollte oder nicht, die Parallelen, ob gerecht oder ungerecht, immer wieder sehen mußte.

Diese Prägung, von der ich sprach, hängt damit zusammen, daß ich in Berlin als Katholik aufgewachsen bin, also sozusagen in der Diaspora. Schon als Kind war mir klar, daß ich nicht konform gehen könnte mit anderen, daß da etwas bei mir anders war. Und das hat, glaube ich, eine Selbständigkeit im Denken erzeugt und eine Skepsis gegenüber der Macht.

Sie waren gewohnt, anders zu sein?

Sozusagen, ja.

Ist denn Ihre persönliche Lebensgeschichte sehr stark davon bestimmt, daß Sie als Katholik aufgewachsen sind?

Ja, das glaube ich schon. Aber mir ist das nicht immer bewußt gewesen, weil zeitweilig meine Beziehung zum Katholizismus relativ schwach war.

War es nur, daß man etwas anderes hatte, also ein anderes Bekenntnis als die anderen? Oder war es auch der Katholizismus als ein positiver Inhalt des Gemütes und des Kopfes?

Im ersten Schuljahr, 1933

Das glaube ich schon, beides, ja.

Waren Sie, wie man heute sagt, so gläubig und praktizierend?

Praktizierend nicht immer.

Oder hatten Sie auch da die Distanz, die Sie zu allem besaßen?

Doch, die hatte ich auch. Wenn ich meine geistige Entwicklung überblicke, wird mir klar, daß sie sich immer abgespielt hat zwischen Glauben und Nichtglauben, zwischen Katholizismus und Aufklärung. Die Periode der Aufklärung, in der Literaturgeschichte zum Beispiel, ist für mich immer mein Lieblingsgebiet gewesen, und diese Spannung ist, glaube ich, etwas sehr Fruchtbares gewesen. Manchmal auch etwas Quälendes.

Mir ist aufgefallen, daß Sie zu vielen Dingen Ihres Lebens, den höchstpersönlichen, aber auch den öffentlichen, eine ironische Distanz haben. Sie schildern Begebenheiten Ihres Lebens, einen frühen Liebeskummer oder die Rekrutierung eines Freundes zum Militär mit spitzen Fingern, mit ironischer Distanz. Kann es sein, daß diese Begabung auch beigetragen hat zur Distanz gegenüber den Diktaturen?

Beigetragen würde ich nicht sagen, aber es ist etwas ähnliches. Diese Distanz, gerade zu persönlichen

Dingen, da Sie auf die Liebesgeschichten meiner Kinder- und Jugendzeit anspielen, die hängt damit zusammen, daß ich – und zwar bin ich mir ganz klar darüber – von Natur aus ein gefühlsseliger Mensch bin und, meiner Natur gehorchend, immer furchtbar sentimentales Zeug schreiben würde, und daß ich dagegen mein Leben lang meine Vernunft und meinen Verstand aufbringen mußte, um mich selbst sozusagen an der Leine zu halten. Und dabei hat sich diese Ironie ausgebildet. Das ist also ein Zur-Ordnung-Rufen meiner eigenen Gefühlsseligkeit.

Im Politischen ist es ähnlich. Mich haben zum Beispiel Leute, na, sagen wir mal Edelkommunisten, übrigens auch Edelnazis, in irgendeiner Weise beeindruckt, weil sie ihre Anschauungen oder Gesinnungen ganz vehement vertreten. Das erzeugt bei mir Bewunderung, vielleicht auch, weil ich das nicht habe. Und auch da muß ich dann immer meinen Verstand wieder einschalten. So entsteht auch hier ironische Distanz.

Die totale Zustimmung zu einem System, einem Gedankensystem oder auch einem politischen System, hat ja auch sehr starke irrationale Züge, so daß die Distanznahme zu den eigenen Gefühlen dann ganz parallel ist zu dem, was Sie da erleben. Die Zustimmung der Massen zu solchen Systemen war ja irrational.

Ja, das ist etwas, das mich immer erschreckt hat, zum Beispiel in DDR-Zeiten, wenn ich jubelnde

Mengen erlebte. Dann mußte ich daran denken, wohin politischer Fanatismus führen kann.

Kann man sagen, daß Sie immer Beobachter geblieben sind?

Ja.

Und ist das auch die Haltung des Schriftstellers, der ja immerzu beobachtet, was passiert, um das dann niederschreiben zu können?

Das ist so, ja. Aber es ist nicht aus dem Schriftstellerischen entstanden, ist keine Schriftstellererfahrung, die ich mir antrainiert habe, sondern es ist vielmehr so, daß ich so bin und dadurch eine solche Art von Schriftsteller aus mir geworden ist.

Lebensplan und Lebenssinn

Nun ist ja Ihre Lebensgeschichte sehr mit der Zeitgeschichte verknüpft und verwoben. Und Sie haben auch über Geschichte insgesamt nachgedacht und irgendwann einmal, in einem Aufsatz über die Kulturnation, gesagt: »Die Geschichte hat keinen Sinn, der Sinn wird ihr erst gegeben. Meistens in dem Sinne, daß Sinn formuliert wird als Wunsch in die Zukunft.« Ist das in Ihrer persönlichen Lebensge-

schichte auch so, daß Sie da den Sinn nicht vorgefunden haben, sondern ihn Ihrem Leben erst geben mußten?

Das ist schwer zu sagen. Darüber muß ich jetzt wirklich erst noch einmal nachdenken. Wissen Sie, das ist insofern so schwer zu sagen, weil ich ja eigentlich nach einem gewissen Lebensplan gelebt habe. Als ich mit 19 Jahren aus dem Krieg zurückkam, hatte ich die Vorstellung, ich müßte meine Erlebnisse aufschreiben. Da war sozusagen eine Art von Berufungsgefühl da, ich müßte Schriftsteller werden, und das habe ich ja nachher auch gemacht. Aber es ist natürlich so, daß man in bezug auf eigene, auf einzelne Lebensperioden diesen erst nachträglich einen bestimmten Sinn unterlegt. Wenn ich heute alte Klassenkameraden treffe, was jetzt nach der Wende häufig geschieht, ist oft von unserer gräßlichen Jugend im Krieg die Rede. Aber meist ist dann zu hören, daß man die damals gesammelten Erfahrungen nicht missen möchte, weil sie für das weitere Leben bestimmend waren. Das ist natürlich so etwas wie eine nachträgliche Sinngebung.

Ja, aber würden Sie denn trotzdem so weit gehen, wie Max Frisch das einmal gesagt hat: »Jedermann erfindet sich eine Geschichte, die er am Ende für sein Leben hält«?

Das ist mir zu sehr zugespitzt, nein, so weit würde ich nicht gehen, sondern ich würde sagen, eine Spur

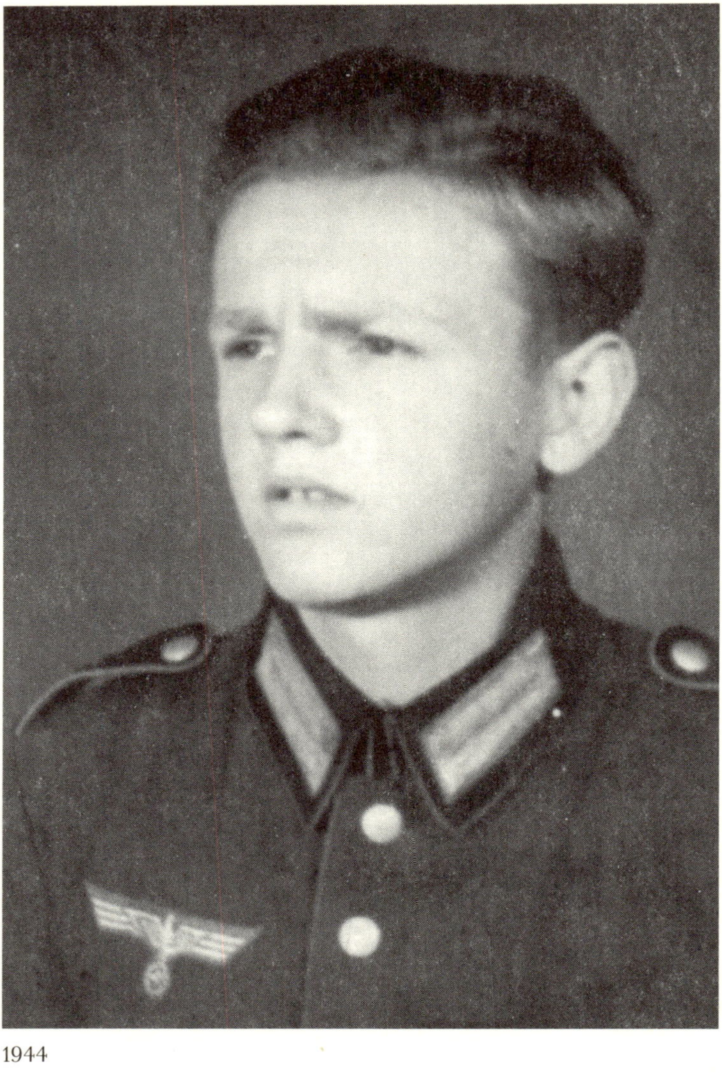

1944

Wahrheit steckt in jeder Lebensgeschichte, aber beim Erzählen wird eine Legende daraus, die nicht unbedingt mit der Wirklichkeit übereinstimmt.

Man schafft ja auch eine Ordnung.

Ja, denn die Geschichte hätte keinen Sinn, da sie ja nicht zielgerichtet angelegt ist und ganz unordentlich verläuft. Mir fiel das besonders auf, als ich über meine Kindheit schrieb und versuchte, das, was ich wirklich über die früheste Kindheit weiß, zum Erzählen zu bringen, ohne daß damit irgend etwas erfunden wird. Da ist kein Detail dabei, was nicht stimmt, und trotzdem wird etwas anderes daraus. Denn die Erinnerungen, die man hat, die sind diffus und unendlich weit, und in dem Augenblick, wo ich sie in einen Erzählstrang binde, kommt etwas anderes dabei heraus.

Der Unterschied ist dann wahrscheinlich nur der, ob man die Ordnungskriterien und die Sinnelemente aus den Wahrheitselementen heraus entwickelt oder ob man etwas darüberstülpt, ein Geschichtsbild, ein marxistisches zum Beispiel oder ein Hegelsches.

Ja.

Preußisch – romantisch – katholisch

Sie sagten einmal, also in dieser Dreierkombination haben Sie es formuliert: Ich war in meiner Jugend preußisch, romantisch und katholisch. Und das mit Bindestrich verbunden. Das ist eine sehr interessante Mixtur. Vielleicht können wir noch ein bißchen darüber nachdenken. Sie sind 1926 geboren. Als der große Krieg vorbei war, waren Sie 19. Und in der Zwischenzeit erfährt man von Ihnen, daß Sie zum Beispiel mit Leidenschaft Karl May gelesen haben. Was hat Karl May für Sie bewirkt?

Karl May war erstens eine Schule für die Aufnahme von Literatur für mich. Karl May steht am Anfang meiner Literaturbegeisterung. Ich habe an ihm im literarischen Sinne lesen gelernt. Andererseits war er immer eine Art Flucht aus der Beengung, die für mich die Nazi-Zeit darstellte, eine Flucht ins Weite, in die Freiheit und auch in das Mächtigsein. Ich glaube, daß es ganz wichtig ist, gerade für junge Menschen, dieses Gefühl, was man bei Karl May lernt, der eigenen Omnipotenz, daß ein einzelner sich selbst so darstellen kann, daß ein einzelner so viel bewirken kann.

Das Prinzip Individualismus gewissermaßen?

Genau, ja.

Sie berichten auch von der Zugehörigkeit zu einem Jugendbund, zu einer bündischen Jugend, erst »Wandervogel« und dann Weiterentwicklung im Bund »Neudeutschland«. Und schließlich gab es ja auch noch die Hitlerjugend. Wie lief das zeitlich eigentlich? Bund »Neudeutschland« war doch verboten unter den Nazis?

Ich habe diesem Bund »Neudeutschland« selbst nie angehört. Ich war zu jung, um dazuzugehören. Ich habe nur durch meine älteren Geschwister, die in diesem katholischen Jugendbund waren, von zu Hause aus sozusagen, in ihm mitgelebt. Und auch als er gar nicht mehr existierte, habe ich teilweise immer noch mit der Literatur dieses Bundes gelebt. Die Zeitschriften »Die Burg« und »Der Leuchtturm« habe ich auch noch mit 14 Jahren gelesen, und so bin ich in diesem Bund aufgewachsen, ohne selbst in ihm tätig gewesen zu sein. Während die Hitlerjugend, in die ich durch einen Freund hineingeraten bin, nur eine kurze Episode bei mir war. Ich bin da zeitweise Mitglied gewesen, habe aber kaum Gebrauch davon gemacht.

Gehört denn die Jugendbewegung zum Element des Romantischen, oder ist das für Sie unter preußisch abzubuchen?

Nein. Das gehört ganz eindeutig zum Romantischen. »Neudeutschland« war eine eigenartige Organisation, die von Jesuiten geleitet wurde, aber viele Ele-

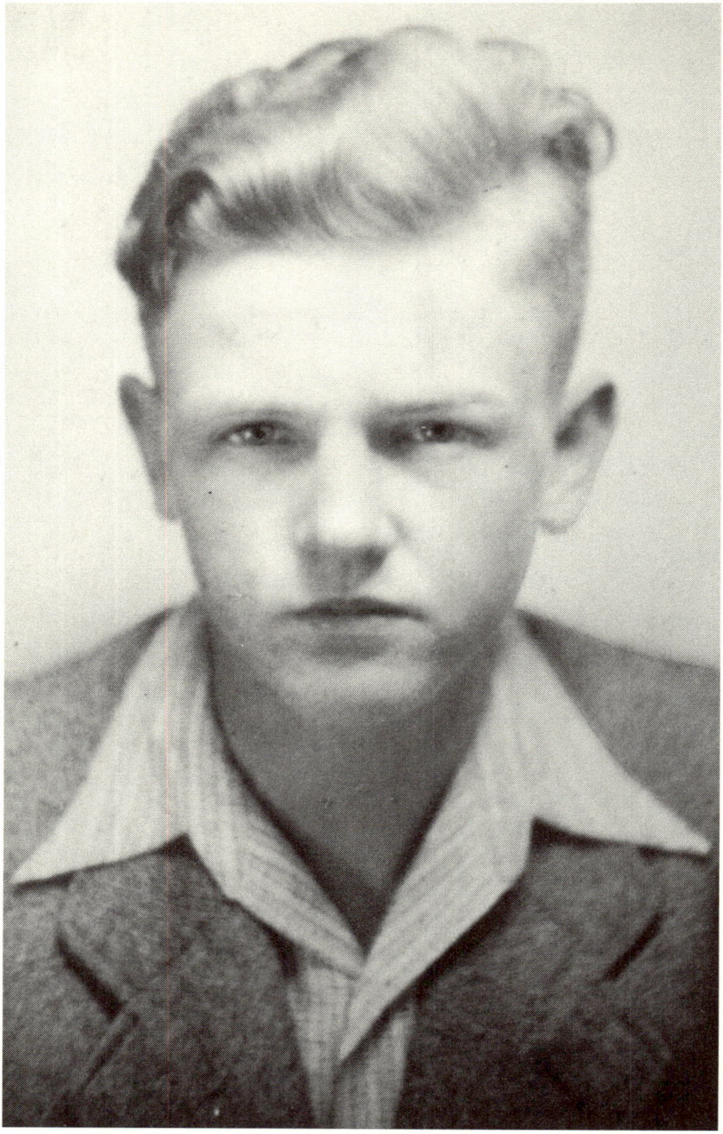

1942

mente des »Wandervogels« aufgenommen hatte. Aber auch Mittelalterliches war dabei. Es gab Ritter und Knappen, viel Frömmigkeit und einen, wie ich glaube, sehr modernen Katholizismus. Aber im wesentlichen waren das neoromantische Züge.

Und ist Ihnen das Katholische auch durch diesen Bund »Neudeutschland« vermittelt worden, oder hatten Sie das schon von der Familie?

Nein, das kam von der Familie. Mein Vater war Bauer und katholisch, meine Mutter war Berlinerin und preußisch. Sie ist zum Katholizismus übergetreten. Und das Preußische, von dem ich sprach, das kommt ausschließlich von meiner Mutter.

Aber der Name Ihrer Familie ist doch eher flämisch?

Der ist holländisch. Das ist eine holländische, katholische Familie gewesen, die schon um 1800 nach Bayern gegangen ist. Mein Vater war bereits in mehreren Generationen Bayer.

Nach der preußischen Prägung durch die Familie, nach dem romantischen Element durch die bündische Jugend, nach dem Katholizismus, vermittelt durch Familie und Bund »Neudeutschland«, brach dann sehr schnell der Krieg aus. Sie waren Flakhelfer und kamen, wie schon gesagt, mit 19 aus dem großen Krieg zurück. Sie wurden schwer verwundet. War diese Verwundung für Sie prägend, auch für den

Um 1928/29

Entschluß, das, was Sie erlebt haben, aufzuschreiben? Denn die Verwundung wirkte sich ja auch insofern aus, daß Sie Schwierigkeiten mit dem Sprechen hatten?

Ja, ich habe einige Wochen überhaupt nicht sprechen können. Es war eine Kopfverwundung, die zwar das Sprachzentrum glücklicherweise nicht beschädigt, aber einige Zeit gelähmt hat. Natürlich war der Verlust der Sprache ein großer Schock für mich, ein Schock, den ich heute noch empfinde, in Träumen zum Beispiel. Und sicher hing die Idee, schreiben zu wollen, sehr stark damit zusammen. Ich weiß, daß sie ganz entscheidend war, diese Verwundung, aber ich würde das nicht ausschließlich sagen. Wahrscheinlich hätten auch die sonstigen Kriegserlebnisse und das Erlebnis der Nazi-Diktatur schon genügt, mich zum Schreiben zu bringen.

Es ist ja eine Parallele zu Heinrich Böll, der auch aus dem Krieg zurückkam mit dem Entschluß, zu schreiben. Vielleicht auch wie bei Wolfgang Borchert. Ich sehe da sehr starke Verbindungen.

Ja, bloß war ich jünger als die beiden. Und ich habe wesentlich später angefangen, so daß Böll für mich immer schon fast eine Generation davor ist, er war ja etwa zehn Jahre älter. Und er hat vor allen Dingen früh angefangen zu schreiben, während es bei mir doch sehr lange gedauert hat.

Als Flakhelfer, 1943

Lehrer im Havelland

Auf Böll kommen wir sicher noch zurück. Sie haben nach dem Krieg dann, nach einer kurzen Zeit, die Sie als Landarbeiter in der Nähe von Göttingen verbracht haben, sehr bald einen Beruf ausgeübt, nämlich den des Neulehrers. Können Sie erklären, was das eigentlich bedeutet, Neulehrer?

Das war so eine Einrichtung in der sowjetischen Besatzungszone, wo man sehr radikal das ganze Schulwesen erneuerte. Das heißt, es wurden grundsätzlich alle Lehrer, die in der Nazi-Partei gewesen waren, und das waren ja sehr viele, entlassen. Und da es einen großen Bedarf an Lehrern gab, hat man Lehrer in Schnellkursen ausgebildet. Ich habe damals, 1946, einen neunmonatigen Kursus in Potsdam gemacht, wurde dann sofort in den Schuldienst geschickt und machte im Laufe von drei Jahren durch Weiterbildung meine erste Lehrerprüfung.

Und dann waren Sie Dorflehrer?

Ja, ich war Lehrer in einem kleinen Dorf im Havelland.

War das Ihre Berufsvorstellung? Wollten Sie das werden?

Nein. Wissen Sie, wenn ich ein bißchen mehr Selbstbewußtsein gehabt hätte in dem Alter, dann hätte

Dorfschulklasse in Garlitz (Havelland), 1947

ich Schriftsteller werden wollen, aber das habe ich mir nicht zugetraut. Ich wollte aber gern etwas mit Büchern machen und Bibliothekar werden. Das ging jedoch nicht, denn ich mußte, da weder meine Mutter noch ich einen Pfennig Geld hatten, irgendwas tun, um Geld zu verdienen. Und da bot sich diese Lehrersache an. Aber ich habe dann zum nächstmöglichen Zeitpunkt auch ein Studium begonnen.

Das war nach drei Jahren Lehrer?

Ja, drei Jahre mußte man sich verpflichten, und ich habe dann auch meine Lehrerprüfung gemacht, aber anschließend sofort den Beruf an den Nagel gehängt. Ich wollte erstens nicht Lehrer werden, obwohl ich, glaube ich, so jung wie ich war, ein ganz guter Lehrer war, so auf dem Dorf, und es hat mir eigentlich auch Spaß gemacht. Aber 1949, das war gerade zur Zeit der Gründung der DDR, da begann, vor allen Dingen bei den Lehrern, sehr stark die politische Einflußnahme, und das hätte mich schon abgeschreckt, weiterzumachen. Außerdem wollte ich ja sowieso Bibliothekar werden. Daraufhin bin ich wieder nach Berlin gegangen und habe dann eine Bibliotheksausbildung gemacht.

Und waren dann auch Bibliothekar?

Ja, und ich empfinde heute immer noch als meinen eigentlichen Beruf den des Bibliothekars.

Aber in der Zeit, als Sie sich um die Bücher anderer Leute gekümmert haben, haben Sie doch schon angefangen, eigene Bücher zu schreiben?

Ich habe unmittelbar nach dem Krieg zu schreiben begonnen. Aber da wurde nie was draus. Ich habe sehr viel geschrieben in dieser Zeit, aber veröffentlicht habe ich erst sehr viel später.

Vom »Hohlweg« zum »Holzweg«

In Ihrer Biographie steht, seit 1963 waren Sie als freier Schriftsteller tätig. Wie sah das Leben in der DDR von 1963 aus, für jemanden, der sagte, ich bin Schriftsteller? Wie sah der Tageslauf aus?

Freiberuflich zu arbeiten, war auch in der DDR riskant. Als ich anfing, das war übrigens schon 1961, mußte ich, ehe Bücher fertig wurden, anders Geld verdienen. Ich entwarf Filmideen, aus denen aber nie ein Film wurde, was mir auch recht war.

Vielleicht wissen Sie es nur nicht und die Ideen sind trotzdem irgendwann zum Film geworden?

Nein, nein, da ist nie etwas draus geworden. Auch habe ich in dem ersten freiberuflichen Jahr noch einen Honorarvertrag mit dem Bibliotheksinstitut

1954

gehabt, in dem ich vorher gearbeitet hatte. Es handelte sich dabei um bibliothekswissenschaftliche Arbeiten. Es war also kein abrupter Übergang zum Schriftsteller.

Als ich dann wirklich nur noch vom Schreiben lebte, war mein Leben, im Vergleich zu heute, relativ ruhig. Selten hatte ich mit den Medien zu tun. Ich hielt nicht viel von ihnen und sie nichts von mir. Ich machte deshalb so gut wie keine Terminarbeiten. Nein, halt, das stimmt nicht: Anfangs habe ich noch zwei oder drei Hörspiele gemacht.

Aber Sie konnten trotzdem davon leben?

Ja, es ging, erst schlecht, dann besser, als 1964 mein erster Roman veröffentlicht wurde, in hoher Auflage.

War das »Der Hohlweg«?

Das war »Der Hohlweg«, ja, der Roman, den ich dann später sozusagen zurückgenommen habe. Ich habe schon nach einigen Jahren weitere Nachauflagen verboten.

Sie haben das getan in einem Artikel, der interessanterweise »Der Holzweg« hieß. Da haben sie den »Hohlweg« zurückgenommen, und aus dem »Hohlweg« wurde »Der Holzweg«.

Ja, was dem Buch gegenüber etwas undankbar war, weil ich die ersten Jahre ausschließlich von ihm gelebt habe.

Das war noch ein Werk, das dem sozialistischen Realismus verpflichtet war?

In gewisser Weise ja. Es ist ein mißglücktes Buch gewesen, ein stark autobiographischer Roman, in dem die Erlebnisse des Krieges und des Nachkrieges verarbeitet wurden. Im »Hohlweg« habe ich Konzessionen gemacht, die ich mir später nicht verzeihen konnte. Das waren ja damals in bezug auf die Zensur schlimme Zeiten. So schlimm waren sie später nicht mehr. Und ich hatte als junger Autor den Ehrgeiz, daß das Buch, an dem ich jahrelang gearbeitet hatte, auch wirklich einmal erscheinen soll, und habe da eben sehr viele Zugeständnisse gemacht. Mir sagen heute manchmal Literaturwissenschaftler, das sei ungerecht, so schlecht sei das gar nicht. Aber ich empfinde das und bin vielleicht deshalb auch so empfindlich, weil es eben sehr stark autobiographisch und damit auch eine Verfälschung meines eigenen Lebens ist.

Zensur

Sie erwähnten schon für diese Zeit die Zensur. Das hat für Sie ja immer wieder eine große Rolle gespielt, bis Sie dann schließlich in einer großangelegten öffentlichen Rede, ich glaube 1987, die DDR-Führung zur Aufgabe der Zensur aufgefordert haben.

Wie war das eigentlich in der Praxis, wie funktionierte Zensur? Man kann sich das ja so gar nicht vorstellen. Wer legte etwa ein Manuskript zur Zensur vor? Mußte das der Schriftsteller selber tun, oder tat das der Verlag? Und was passierte dann, wenn das Manuskript eingereicht war und gedruckt werden sollte, wie waren die Mechanismen der Zensur?

Die waren so perfekt, wie sie es wahrscheinlich in der deutschen Geschichte noch nie gewesen sind, außer in der Nazi-Zeit. Es war grundsätzlich so, daß jedes Druckwerk in der DDR einer Genehmigung bedurfte. Es mußte also jede kleinste Broschüre oder das dickste Buch immer in einer zentralen Stelle, die später, in den letzten Jahrzehnten, beim Kulturministerium war, eingereicht und dort genehmigt werden.

Das mußte der Verlag machen?

Der Verlag hatte den Auftrag, bevor er das Buch in Druck gab, eine Druckgenehmigung einzuholen, so hieß das. Denn Zensur gab es ja offiziell in der DDR nicht, deswegen nannte man das auch nie Zensur.

Wie hieß das denn offiziell?

Das hieß Druckgenehmigungsverfahren.

Also Imprimatur, wie man es aus der Kirchengeschichte kennt?

Um 1960

Ja, eben. Und das machte im Normalfall der Verlag. Der Autor kam normalerweise mit der Zensur nicht in Berührung.

Aber wenn etwas geändert werden mußte?

Auch wenn etwas geändert werden mußte, lief das über den Verlag. Also, man hatte im Normalfall nie mit der Zensurbehörde selbst zu tun. Das war das Heimtückische daran, weil nämlich die Leute in den Verlagen gezwungen waren, die Zwischenträger der Zensurstelle zu sein, und außerdem noch den Auftrag hatten, das möglichst nicht als politische Zensur kenntlich zu machen. Im Normalfall redete man mit seinem Lektor, und der sagte, na, diese Stelle ist doch künstlerisch unmöglich, und man wußte dann, aha, das ist politisch anstößig.

Als Autor haben Sie nie einen Zensor leibhaftig gesehen?

Doch, das schon. Man kannte einige. Aber das Dienstliche lief über die Verlage.

Haben die Zensoren sich schriftlich geäußert, haben sie eine Art Gutachten erstellt?

Ja, das haben sie gemacht, aber das bekam man als Autor in der Regel nicht zu sehen. Ich habe aus meiner Frühzeit ein paar Gutachten, die mir später mal ein guter Freund zugestellt hat. Aber normalerweise erfuhr man gar nichts von dem, was da passierte.

Ich mußte bleiben

Wenn man Schriftsteller wurde, das will ich noch einmal fragen, war das so, wie wenn man sagt, ich privatisiere jetzt, ich bin nicht irgendwo angestellt, sondern selbständig, schreibe Bücher und will von diesen Büchern leben? Oder muß man sich das eher vorstellen als so eine Art gefördertes Angestelltenverhältnis zum Staat, der die Kultur fördert?

Nein, das wäre falsch. Wenn man freiberuflich als Autor lebte, war man nicht unbedingt irgendwo angebunden. Man war normalerweise im Schriftstellerverband, der eine große Bedeutung dadurch hatte, daß er die Autoren sozial absicherte, daß man zum Beispiel auf diese Weise richtig versichert war.

Sie waren ja nun, obgleich Sie so desinteressiert an organisierten Lebensformen, an organisierten Institutionen waren, dann doch als Schriftsteller in einer offiziellen Funktion. Sie waren im Präsidium des PEN-Clubs, Vorstandsmitglied des Schriftstellerverbandes, Mitglied der Akademie der Künste. Warum haben Sie das gemacht? Das hielt Sie doch eigentlich auch vom Schreiben ab?

Ja, zeitweilig gehörte ich diesen Vorständen an, weil ich nicht den Mut hatte, nein zu sagen, als man mich dazu aufforderte. Meine Erinnerungen daran sind dürftig, weil ich selten an Sitzungen teilgenommen habe. Aber eines weiß ich: Ausgerichtet habe ich dort nichts, weder im Guten noch im Bösen. Vielleicht hatte ich anfangs die Illusion, etwas zum Besseren ändern zu können. Die ist aber ganz schnell zerplatzt, weil ich nämlich merkte, schon bei den ersten Abstimmungen, daß man überhaupt keine Chance hatte. Die Vorstände waren so zusammengesetzt, daß die Partei, die SED, immer eine Mehrheit hatte. Also, da war überhaupt nichts möglich. Insofern war es auch bald vorbei mit den Illusionen, und ich habe mich, sobald es ging, wieder rauskatapultieren lassen.

Brachte denn diese Tätigkeit auch Berührungen mit der Stasi mit sich? Man denkt sich ja von außen, daß es doch nahezu unvermeidlich ist, wenn man als Schriftsteller in der DDR lebt und sogar im Vorstand des Schriftstellerverbandes ist, daß sich gewissermaßen automatisch persönliche Kontakte mit Menschen von der Stasi ergeben.

Nein, so zwangsläufig war das nicht. Solange ich – es war ja nicht sehr lange – im Vorstand des Schriftstellerverbandes war, hatte ich damit überhaupt nichts zu tun. Meine Berührung mit der Stasi kam wesentlich später, im Jahre 1974, glaube ich, als da zwei Herren auftauchten, die mich offensichtlich werben sollten. Das sind meine einzigen Erfahrungen, die ich direkt gemacht habe. Aber die kamen nicht, um mir zu sagen, ich sollte IM werden, sondern ich vermutete das nur. Die hatten andere Vorwände, die wollten mich nämlich davor warnen, daß der Bundesnachrichtendienst mich gewinnen wollte. Das war eine unangenehme Situation, weil die sehr hartnäckig waren und wiederkamen und mir eine Lüge auftischten, die mich dann wirklich in Angst versetzte, so daß ich mich auf ein richtiges Gespräch mit ihnen einließ.

Und das hatte zur Folge, daß Sie dann als IM geführt wurden?

Nein, das wohl nicht. Ich muß zu dieser Geschichte aber noch sagen, daß ich meine Akten noch nicht eingesehen habe. Ich warte darauf, daß ich bald dazu komme. Ich weiß aber von Kollegen, die beim Studium ihrer Akten darauf gestoßen sind, daß ich, ich glaube seit 1975, als operativer Vorgang lief, also unter Bewachung stand. Und davor wurde ich als IM-Vorlauf geführt. Erst da wurde mir eigentlich richtig klar, daß das tatsächlich eine Form von Anwerbung war.

Danach hatte ich ab und zu in Spannungszeiten mal Bewacher vor der Tür, aber an sich hat meine Ablehnung dieser Sache keine Nachteile für mich gehabt. Anschließend wurde ich dann als feindliche Kraft eingeschätzt.

Ich glaube auch, daß mich bei Einsicht der Akten große Überraschungen nicht mehr erwarten.

Haben Sie jemals in dieser ganzen Zeit daran gedacht, die DDR zu verlassen?

Als Frage war das immer da, bis auf die letzte Zeit, die letzten zehn Jahre vielleicht. Erst nachdem so viele meiner Freunde weggegangen waren, da hat sich bei mir die Vorstellung festgesetzt, daß ich doch eigentlich bleiben müßte.

Warum haben Sie gedacht: Ich muß bleiben?

Ich fand es nicht richtig, daß alle kritisch eingestellten Leute die DDR verlassen. Das hing vielleicht so ein bißchen mit meiner angeborenen preußischen Haltung des Aushaltenmüssens zusammen.

Hatten Sie vielleicht auch die Vorstellung, daß Ihre Leser Sie brauchten?

Ja, natürlich, und ich glaube heute, daß man sich da ein bißchen Illusionen macht. Aber es war auf jeden Fall so, daß mich das sehr stark beeinflußt hat.

Wissen Sie, gerade in der Zeit, als sehr viele Schriftsteller aus der DDR weggehen mußten oder von sich aus weggingen, habe ich das oft erlebt, daß die einfache Tatsache, daß ich in der DDR zu bleiben gedachte, bei den Lesern Begeisterung hervorrief, und zwar bei denen, die die DDR nicht besonders liebten und kritische Autoren schätzten. Besonders in Kirchen, in denen ich oft gelesen habe, habe ich das erlebt. Das gab einem natürlich Selbstwertge-

1983

fühl, und das meine ich auch mit Illusion. Man hatte immer die Vorstellung, daß man doch sehr wichtig ist für die Leute.

Ja, und warum ist das eine Illusion? Das kann doch auch gestimmt haben?

Das wird mir jetzt nachträglich bestätigt, daß es stimmte. Eine Illusion aber war meine politische Einschätzung dieses Umstandes. Denn der Kreis der Leute, die durch Literatur erreicht wurden, war klein. In diesem Sinne, meine ich, war es Illusion.

Aber Sie hatten doch offensichtlich, so wie Sie es jetzt sagen, auch Verständnis für die, die weggegangen sind?

Aber ganz und gar, ja.

Denn das hat ja Klaus Poche in einem Brief in der »Zeit« so ein bißchen bestritten, daß Sie Verständnis dafür haben, daß jemand auch gar nicht anders konnte und gegangen wurde.

Das hat mich etwas erschreckt damals, daß ich so falsch verstanden wurde. Ich hatte mich – es handelte sich um ein Interview – wohl mißverständlich ausgedrückt. Zu keiner Zeit war ich der Meinung, daß die nach dem Westen Gegangenen hätten bleiben sollen. Es waren manche meiner Freunde darunter, die Freunde blieben. Auch war jeder dieser Fälle unterschiedlich, so daß jedes Pauschalurteil falsch gewesen wäre.

Wachsendes Selbstbewußtsein

Hat eigentlich jeder Ihrer Kollegen und Sie selber auch so wie ein Nomade vor sich hingelebt und vor sich hingeschrieben? Oder gab es einen wirklich lebendigen Kontakt außerhalb der organisierten Formen, wie im Schriftstellerverband etwa?

Im Schriftstellerverband war es natürlich immer sehr offiziell, und die Diskussionen waren vorsichtig, auch war ich in den letzten zehn Jahren kaum dort. Aber es existierte natürlich innerhalb bestimmter Gruppen eine starke Zusammengehörigkeit, die sich einfach aus der Situation, weil man in der gleichen Lage war, ergab. Die aber teilweise jetzt nach der Wende ganz auseinandergebrochen ist. Es war in erster Linie der gemeinsame Feind, der einen zusammengeführt hat.

Was war denn das Forum, wo so etwas möglich war? Wo konnten Sie sich treffen? Haben Sie sich privat getroffen?

Privat, ja.

Oder spielte auch die Friedensbewegung oder die Kirche eine Rolle?

Beides. Die Schriftsteller unter sich trafen sich meistens privat, da gab es so einige Kreise, die sich zum Beispiel um Christa Wolf bildeten oder um Heiner Müller. Die Frage der Kirche ist noch eine andere, wobei es sich nur um die evangelische Kirche handelte. Wir sprachen ja schon davon, daß ich katholisch bin, aber ich habe in DDR-Zeiten stärkere Bindungen an die evangelische Kirche gehabt.

Woran lag das?

Das lag daran, daß die katholische Kirche sich nicht öffnete. Man blieb unter sich, im religiösen Bereich. Es gab kein kritisches Kulturleben innerhalb der katholischen Kirche. Immer dort, wo Ansätze dazu da waren, und die habe ich auch erlebt, von Laiengruppen zum Beispiel, wurden sie unterbunden oder man kapselte sich ab.

Typisch ist der Fall, daß man mich, ich glaube, es war zum ersten Katholikentag in Dresden 1987, ein halbes Jahr vorher zu einer Lesung eingeladen hatte und vier Wochen davor wieder auslud mit der Begründung, man wolle keinen Anstoß erregen beim Staat, indem man einen kritischen Schriftsteller dort lesen läßt. Es sollte eine rein religiöse Veranstaltung sein. Die evangelische Kirche aber setzte sich allen Problemen aus. Auch wenn man jetzt nachträglich weiß, wie stark sie von der Stasi unterwandert war, ist das für mich kein Grund, die evangelische Kirche nicht weiterhin dafür zu loben, daß sie einen Freiraum zur Verfügung stellte, in dem Kultur sich frei entfalten konnte.

Sie haben von der Kirche als einen ideologiefreien Raum gesprochen. In welchem Sinne haben Sie das gemeint, ideologiefrei?

Das meine ich in dem Sinne, daß die evangelische Kirche nicht auf religiösen Bindungen bestand. Sie hat alle in ihre Räume, in denen man sich vom Staat frei fühlte, aufgenommen. Man war es ja nicht, wie man nachträglich weiß, aber man hatte das Gefühl. Man hat die Leute, die sich in die Kirche flüchteten, nicht bekehren wollen. Insofern ist die Kirche der DDR tatsächlich ein ideologiefreier Raum gewesen.

Sehen Sie von daher auch eine Figur wie Manfred Stolpe anders als die westlichen Medien und manche Politiker, die ja eine Jagd veranstalten?

Dazu möchte ich mich nicht äußern, weil ich zu unsicher bin in der Beurteilung dieser Sache. Ich muß gestehen, daß ich bei allen Einzelheiten, die ich darüber höre, immer wieder schwanke. Es wäre leichtfertig von mir, so oder so ein Urteil darüber zu fällen.

Herr de Bruyn, Sie gehörten 1976 zu den Mitunterzeichnern des Briefes in Sachen Wolf Biermann. Also, die Situation war die: Wolf Biermann war aus-

gewiesen worden, und dann haben Schriftsteller, Künstler, Intellektuelle in der DDR einen offenen Brief geschrieben. Erinnern Sie sich noch, was in diesem Brief stand und was der Punkt war, auf den es ankam?

Wissen Sie, da bin ich insofern nicht der Richtige, den Sie fragen, weil ich bei der eigentlichen Briefschreibeaktion nicht dabei war. Das mußte ja ganz schnell passieren. Der Brief war sehr kurz. Er war an die Regierung gerichtet mit der Bitte, diese Ausweisung zurückzunehmen, darum ging es. Ich selbst war auf dem Lande an dem Tag und habe erst aus dem Radio davon erfahren. Daraufhin bin ich dann sofort nach Berlin gefahren, um anzurufen und zu sagen, daß ich den Brief mitunterzeichne.

Was wollten Sie denn – Sie und die anderen – mit diesem Brief erreichen? Was konnte mit einem solchen Brief überhaupt erreicht werden? Heute ist es ja ein Denkmal des Widerstands.

Ich glaube, keiner der Unterzeichner hat wirklich erwartet, daß der Protest die Regierung der DDR umstimmen kann. Ich glaube, das war in erster Linie ein Zeichen für das wachsende Selbstbewußtsein der Schriftsteller, die zeigen wollten, daß sie sich nicht mehr alles gefallen lassen. Das war es wohl auch, was das Historische ausmacht. Daß es der erste Fall war, wo nicht einzelne Schriftsteller, sondern eine Gruppe geschlossen gegen Regierungsbeschlüsse aufgetreten ist.

Haben Sie irgendwie gespürt, was das ausgelöst hat bei der Führung der DDR?

Das kann ich schwer sagen.

Gab es irgendeine Reaktion darauf, hat sich die Atmosphäre verändert, oder was ist passiert?

Unterzeichner, die Parteimitglieder waren, bekamen ein Parteiverfahren, wurden zum Teil ausgeschlossen. Es herrschte für längere Zeit noch eine sehr gespannte Atmosphäre. Stasi-Posten standen bei Autoren vor den Haustüren. Wochenlang wurde die Post zurückgehalten und kam dann in Packen an, deutlich geöffnet. Das alles waren Drohgesten, dazu bestimmt, Angst einzujagen. Im Laufe der Zeit beruhigte sich das wieder, aber man wußte, daß die Spannung weiterbestand.

Der Biermann-Protest bedeutete im Verhältnis der Intelligenz zur Partei eine Wende. Zum ersten Mal war ein Konflikt öffentlich gemacht worden.

Lebensgefühle

Herr de Bruyn, was war für Sie die größere Veränderung, 1945 oder 1989?

Ganz eindeutig 1945. Und zwar hängt das nicht nur mit meinem Alter zusammen, sondern auch damit, daß es eine viel größere Diskrepanz gab zwischen dem, was vorher war und was danach kam. Als die DDR und die Bundesrepublik zusammenkamen, waren beide bekannte Größen. Während man 1945 vor einem vollkommenen Nichts stand. Man hatte ja die Vorstellung von der Stunde Null; daß das so nicht stimmte, weiß man nachträglich, aber die Vorstellung war doch da. Und ich lebte 1945 in dieser Vorstellung. Für mich ist es geradezu symbolisch, daß ich damals aus allen Wolken fiel, als ich feststellte, daß das Geld immer noch Gültigkeit hatte. Ich hatte, als Deutschland kapitulierte, die Vorstellung, jetzt gilt überhaupt nichts mehr. Und das erste, was ich merkte, war, daß man noch mit Reichsmark bezahlen konnte. Das war ein Schock für mich, weil es meiner Vorstellung von einer vollkommenen Umwertung widersprach.

Sie haben gerade die Formulierung von der Stunde Null in Frage gestellt. Ich finde das sehr wichtig. Ich glaube auch nicht, daß es jemals wirklich eine Stunde Null gegeben hat. Was würden Sie sagen, warum gab es diese Stunde Null nicht?

Das läßt sich wahrscheinlich immer erst erkennen, wenn man die Zeit historisch überblicken kann. Eine Stunde Null wird es nie geben, weil die Geschichte, die davor war, immer weiter wirkt. Der Zusammenbruch eines Staates ist nicht ein Neubeginn der Geschichte. Die Menschen leben ihr Leben weiter, und Traditionen wirken weiter. Man braucht sich heute bloß mal Reden anzuhören, die nach 1945 von Politikern gehalten wurden, die sind noch in dem gleichen Tonfall, wie man auch 1933 gesprochen hat. Das ganze Lebensgefühl war noch da.

Nun war es bis dahin eine gemeinsame Geschichte, die sich seit 1945 in getrennte Richtungen entwickelt hat. Sie haben einmal gesagt, es hat nicht zwei Nationalliteraturen gegeben, aber auf der anderen Seite waren es doch zwei Wege, die da begannen, sowohl staatlich, politisch wie auch kulturell bis in die Sprache hinein. Wie haben Sie nach Westen geblickt? Wie sah das in Ihren Augen aus, was sich da entwickelt hat?

Untypisch bin ich in diesem Punkt insofern, als für mich die Verbindung zum Westen nie abgerissen war. Ich hatte immer Freunde und Verwandte im Westen und immer auch Gelegenheit, mich mit Informationen zu versorgen. Im Grunde genommen habe ich das geistige Leben Westdeutschlands immer mitgelebt. Ich lebte sozusagen zweigleisig auf geistigem Gebiet. Aber das trifft für viele der Jüngeren natürlich nicht zu.

Ich habe zum Beispiel niemals die Mauer in Berlin als etwas Normales erleben können, während ich dann mit Erschrecken bei meinen Kindern feststellte, daß die zwar von ihrem Vater immer wußten, daß Berlin eigentlich etwas Einheitliches ist, aber ihrem Empfinden nach doch die Mauer als das Normale ansahen. Für jemand, der nach dem Bau der

Mauer geboren ist, war das nun mal die Normalität, da konnte man ihnen noch so sehr einschärfen, daß Berlin ja weiter geht, aber das war eben für sie etwas anderes.

Und wie sehen diese jungen Leute das heute, nachdem die Mauer nicht mehr da ist?

Das ist schwer für mich einzuschätzen. Ich habe das Gefühl, daß sich die jungen Leute, die in den letzten Jahren aus der Schule gekommen sind, relativ schnell zurechtfinden. Aber ich erlebe bei jungen Menschen auch heute noch, daß sie Westberlin als etwas Fremdes empfinden.

Wenn Sie jetzt zurückdenken und ich Sie frage: Was hätten Sie sich vor 1989 für sich, für die DDR, für Gesamtdeutschland gewünscht, wenn Sie sich etwas hätten wünschen können?

Wenn ich fähig gewesen wäre, von den Realitäten, von dem, was ich für Realität hielt, abzusehen, dann hätte ich mir die Einheit Deutschlands gewünscht. Doch ich weiß genau, daß ich mir noch im November 1989 gesagt habe: Da es unsinnig ist, sich die Einheit zu wünschen, wünsche ich, daß die DDR anders wird. Denn die Einheit zu wünschen, schien zu fern von aller Realität zu sein.

Und wenn ich diese Frage auf heute übertrage, was würden Sie sich dann heute für das, was jetzt Deutschland ist, wünschen?

Daß die Mauer, die immer noch in den Köpfen ist, schneller abgebaut werden kann, als es im Augenblick aussieht. Aber das hängt natürlich von vielen Umständen ab.

Es hängt einmal davon ab, daß sich die sozialen Verhältnisse in Ost und West annähern. Denn ich glaube, solange man in Ostberlin arbeitet und dafür weniger Geld kriegt als in Westberlin, solange wird das nicht möglich sein.

Hinzu kommt die Notwendigkeit gegenseitigen Verständnisses. Viele Westdeutsche denken, ihre Entwicklung sei die normale gewesen und die der DDR-Deutschen eine absonderliche. Jeder, der aus dem Westen kommt, muß sich vor Augen führen, daß es für jemanden, der in der DDR aufgewachsen ist, natürlich genau andersherum aussieht.

Wahrscheinlich sind die stärkeren Veränderungen der Deutschen im Westen passiert. Ich glaube, daß der Einfluß Amerikas auf Westdeutschland immer stärker gewesen ist als der der Russen auf die Mentalität der DDR-Leute. Von der Russifizierung in der DDR kann man nicht sprechen, wohl aber von einer Amerikanisierung Westdeutschlands.

Vielleicht wurde manches Deutsche, ob gut oder schlecht, in der stagnierenden DDR besser aufbewahrt.

Kulturelle Identität

Wenn Sie jetzt nicht zurückschauen, sondern nach vorn blicken und sich vorstellen, daß die Deutschen in Ost und West auch nicht ewig zurückschauen können, sondern eine Vision brauchen, wie es denn weitergehen soll oder wie es weitergehen muß. In welche Richtung, würden Sie empfehlen, sollten wir schauen?

In Richtung Europa, würde ich sagen. So falsch es ist, die Bedeutung, die das Nationale heute hat, zu leugnen, so falsch fände ich es, die zukünftige Entwicklung jetzt ganz auf das Nationale zu legen. Wenn Politiker davon reden, daß Deutschland doch nun wieder groß ist und eine Rolle spielen muß, dann macht mir das angst. Man muß die Bedeutung der Nation, wie sie heute existiert, anerkennen und beachten und muß sie ja nicht für etwas Schlechtes halten. Aber als Vision wünsche ich mir ein geeintes Europa, wobei ich nicht nur Westeuropa meine. Das Nationalbewußtsein sollte irgendwann von einer Art europäischem Bewußtsein abgelöst werden.

Wie würden Sie denn Europa, den Begriff Europa, inhaltlich sehen? Das ist ja zunächst einmal einfach ein normaler Zusammenschluß von verschiedenen Kulturen und Ländern, und ein Politiker kann von Europa reden und darunter staatliche Zusammenschlüsse, Währungsfragen, Handelsvereinbarungen und so weiter verstehen. Aber was antwortet ein Schriftsteller, der interessiert ist am kulturellen Leben der Menschen? Was ist Europa?

Was mir bei der augenblicklichen Bewegung in Europa ein bißchen angst macht, ist, daß die Politiker dazu neigen, die Sache ganz vom Wirtschaftlichen und Bürokratischen her zu sehen. Ich vermisse den Gedanken an eine kulturelle Identität der Europäer, die aber die nationale und regionale nicht auslöschen, sondern überformen soll. Aus Nationen und Regionen soll sie ihre Kraft schöpfen. Kulturell, im weitesten Sinne, muß Europa vielseitig bleiben. Die Identitätsfindung muß über die kleineren Einheiten, die Regionen, die Bundesländer laufen.

Nach dem Ende der DDR, die die Länder ja abgeschafft hatte, habe ich beobachten können, wie rasch die innere Beziehung zu den auferstandenen Ländern wieder da war. Die Identifizierung mit dem Bundesland liegt näher als die mit dem großen Deutschland. Als Brandenburger oder Sachse ist man Deutscher, und als Deutscher sollte man in Zukunft mit der gleichen Intensität Europäer sein. Je größer das vereinte Europa wird, desto wichtiger werden die Regionen sein.

Man muß wahrscheinlich das de Gaulle'sche Europa der Vaterländer noch weiter denken in ein Europa der kulturellen Regionen, der kulturellen Identitäten, und dadurch kommt man erst zu einer Vielfalt, die dann auch die neuen Nationalismen oder gar einen europäischen Nationalismus vermeiden könnte.

1987

Wichtig sind in dieser Hinsicht die grenzübergreifenden Regionen. Aber die Voraussetzungen dazu sind sehr unterschiedlich. In der Ecke von Freiburg, wo Frankreich, die Schweiz und Deutschland zusammenkommen, dort hat sich wohl ein regionales Bewußtsein heute schon entwickelt. Da gibt es auch gute Voraussetzungen. Wenn ich mir aber das gleiche jetzt in Zittau vorstelle, wo Polen, Tschechen und Deutsche zusammentreffen, denke ich, wie ungleich schwieriger das wird. Durch die Sprachen einerseits, aber noch viel stärker durch das soziale Gefälle. Also, man soll sich das nicht zu leicht vorstellen.

Jubelschreie, Trauergesänge

Ja, das ist sicher ein weiter Weg. Aber noch einmal eine Frage an den kritischen Kopf. Sie waren ein kritischer Beobachter während der Nazi-Zeit, Sie waren ein kritischer Beobachter der 40 Jahre DDR, und jetzt haben wir immerhin fast vier Jahre vereinigtes Deutschland. Da ist es langsam an der Zeit, kritisch darüber nachzudenken, wie der Weg bisher gelaufen ist und ob es der richtige war? Ist für Sie jetzt alles in bester Ordnung?

Nein, das sicher nicht. Da gibt es viel zu kritisieren, aber die Freude an der Einheit sollte dabei nicht zu kurz kommen. »Jubelschreie, Trauergesänge« heißt nicht ohne Grund ein Essay-Band von mir. Und auch für die Trauergesänge gibt es Gründe.

Kann man denn überhaupt noch Jubelschreie hören?

Ich höre selten welche.

Aber ist denn die Zeit der Trauergesänge schon gekommen? Trauergesänge hört man auch nicht.

Doch, die hört man schon. Wenn Sie hier in den neuen Bundesländern leben würden, könnten Sie unentwegt Trauergesänge hören, die zwar oft eine Art DDR-Nostalgie enthalten, aber nicht etwa darauf hinauslaufen, daß man die DDR wiederherstellen wollte. Das habe ich noch nie gehört. Wenn Sie in einem Gebiet wohnen, wo fast 40 Prozent arbeitslos sind, da hören Sie nichts anderes als Trauergesänge, und mit Recht.

Sie haben ja in Ihrem schriftstellerischen Werk nicht den Fehler mancher Literaten gemacht, nur private Geschichten zu erzählen, völlig unabhängig vom gesellschaftlichen Umfeld. Sowohl »Buridans Esel« wie auch »Neue Herrlichkeit« sind Geschichten, die Sie in einem deutlich erkennbaren politischen und gesellschaftlichen Umfeld erzählen. Wie ist das bei Ihrer gegenwärtigen Arbeit? Wie erreicht unser heutiges Umfeld Ihr literarisches Arbeiten?

Das kann ich nicht beantworten, weil ich im Augenblick noch mit der Aufarbeitung der Vergangenheit beschäftigt bin, also an der Fortsetzung meiner Autobiographie arbeite und mich jetzt fast ausschließlich mit DDR-Verhältnissen beschäftige. Aber für einen Schriftsteller, wie ich es bin, der stark von eigenem Erleben ausgeht, ist dieser Einfluß der Umwelt natürlich immer da.

Die Frage ist vielleicht auch zu früh gestellt?

Ja, das glaube ich auch.

Heinrich Böll

Zu Ihren literarischen Vorbildern gehört auch Heinrich Böll, und ich sehe starke Ähnlichkeiten zwischen Ihnen und Böll, obgleich er ja etwas älter ist. Haben Sie Böll eigentlich selbst gekannt, mit ihm Kontakt gehabt?

Also, das wäre zu hoch gegriffen. Ich bin ihm zweimal im Leben begegnet und hatte bei beiden kurzen Gesprächen immer das Gefühl, daß ich mich wunderbar mit ihm verstanden hätte. Aber das war relativ oberflächlich.

Die erste Begegnung mit ihm fand in den siebziger Jahren statt, als er hier in Ostberlin in der Evangelischen Akademie gelesen hat. Aber diese Begegnung ist ziemlich unglücklich verlaufen. Es war bei einer öffentlichen Diskussion, und ich war so aufgeregt bei diesem ersten Zusammentreffen mit dem von mir sehr Verehrten, daß ich völlig die Konzentration verlor und einen nicht enden wollenden Unsinn redete.

So sehen Sie es, und wie hat es Böll gesehen?

Böll war ganz rührend, und als hätte ich ihm wirklich eine richtige Frage gestellt, antwortete er freundlich und ausführlich darauf. Noch heute rede ich ungern darüber, weil das Publikum, Hunderte von Leuten in dieser angespannten Situation – in einer Zeit, wo westdeutsche Schriftsteller im allgemeinen überhaupt nicht in der DDR lesen konnten, war es ein Ausnahmefall, daß Böll lesen durfte – bei meiner ungeschickten Rede dachten, daß ich eine Diskussion verhindern wollte, daß ich sozusagen von jemandem geschickt sei, um eine Diskussion zu unterbinden, da ich nicht mehr aufhören konnte zu reden. Und das hat mich schwer gekränkt.

Die Leute wußten nicht, daß Böll für Sie das große Vorbild war?

Nein, und das konnte man offensichtlich aus meinem Diskussionsbeitrag auch nicht entnehmen.

Was hat Sie denn an Böll beeindruckt? War das dieser faszinierende, dieser redliche Mensch? Waren es die

Inhalte seines literarischen Schaffens oder waren es formale Fragen?

Der Mensch hat mich natürlich auch fasziniert, das schon, aber das kam erst später. Es war eigentlich sein Werk. Ich bin von seinen ersten Kurzgeschichten an immer schon ein glühender Verehrer von ihm gewesen. Und das hing natürlich in erster Linie damit zusammen, daß ich das Gefühl hatte, daß hier jemand den Krieg und die Nazi-Zeit von der gleichen Haltung her erlebt hatte, wie ich sie erlebt habe. Also weder als Widerstandskämpfer noch als Nazi, sondern als der kleine Mann, der in den Krieg geschickt wird. Und er verstand es wirklich, diese Gefühle deutlich zu machen. Das war so, als ob ich mich selbst wiederfand. Und dann spielte bestimmt der katholische Hintergrund eine Rolle, der allerdings bei Bölls rheinischem Katholizismus ein etwas anderer war, anders schon deshalb, weil es ein kritischer Katholizismus war, den ich hier gar nicht entwickeln konnte, weil ja die katholische Hierarchie, die er angriff, für mich überhaupt nicht existierte.

Haben Sie das jetzt erst erschienene Frühwerk von Böll, »Der Engel schwieg«, schon lesen können?

Ja.

Hat das Ihr Böll-Bild verändert?

Nein, nein, das hat es nur bestätigt.

Stehen für Sie formale Mängel des Buches im Vordergrund, wenn Sie das lesen?

Böll war für mich ein großes Vorbild, besonders in der Zeit, als ich anfing zu schreiben. Aber er war an meinem Literaturhimmel doch ein Wandelstern. Es gab auch eine Zeit, wo ich den Böll nicht mehr lesen mochte. Das war so eine Art von Gefühl, ich sei darüber hinweg. Und das geht mir auch ein bißchen so, wenn ich jetzt dieses Frühwerk, was man ja noch nicht kennen konnte, lese. Es ist mehr eine Erinnerung an die Faszination, die ich früher einmal empfunden habe.

Ich habe das Buch mit großer Anteilnahme gelesen, weil darin die ganze Ehrlichkeit, die Unbedingtheit, auch die sinnliche Darstellung der ersten Nachkriegszeit wieder auferstand.

Ja, sicher. Aber es ist bei mir immer auch eine leichte Trauer dabei, daß ich es nicht mehr mit dem Feuer von früher empfinden kann.

Nun hat ja der Schweizer Literaturwissenschaftler Peter von Matt in einer Arbeit Ihr Buch »Buridans Esel« in Beziehung gesetzt und verglichen mit den Böllschen »Ansichten eines Clowns«. Das ist vielleicht ein interessanter Punkt. Peter von Matt bringt da die Frage, die Sie erörtern, in den beiden Büchern auf sei-

nen Begriff des Liebesverrats, über den er ein ganzes Buch geschrieben hat, und er diskutiert die Frage, was ist für Sie und was ist für Böll Liebe, Ehe, Treue. Würden Sie der Analyse von Peter von Matt zustimmen, daß Sie wie Böll einen unbürgerlichen jenseits der Institutionen stehenden Begriff von Liebe, Treue, Ehe entwickelt haben in Ihrem Buch?

Ja, ich habe mich selten von einem Literaturwissenschaftler so verstanden gefühlt wie in diesem Aufsatz von Peter von Matt. Er hat mir einiges an meiner eigenen Geschichte erst bewußt gemacht. Die Lektüre war ein Erkenntnisgewinn für mich. Ich kam mir fast vor wie ein naiver Schreiber, der gar nicht weiß, was in seiner Geschichte verborgen ist.

Auch die Parallele zu »Tristan und Isolde«, das ich ja einmal nacherzählt hatte, fiel mir auf. Da wird Liebe auch als etwas Asoziales, Anarchisches begriffen. Auch da ist der Begriff vom »Liebesverrat« treffend.

Wobei er den ja ganz loslöst. Bei Böll etwa, da gibt es die Geschichte, daß der Clown, oder der spätere Clown, nicht verheiratet ist mit der Frau, die er liebt, mit der er zusammenlebt und deren Liebesverrat er als Treuebruch empfindet, und sagt: Ich bin ja so gut wie verheiratet, das heißt, eigentlich ist das, was wir hier leben, ja viel mehr als die institutionalisierte Ehe. Wie würden Sie die Parallele zu »Buridans Esel« sehen, und worin besteht da der Verrat?

Der besteht darin, daß der Liebende die Umstände, in die er durch seine Liebe geworfen wird, nämlich sehr ärmliche Zustände, nicht ertragen kann und deshalb seine Liebe zurücknimmt. Da geht es nicht um Ehe oder so, sondern es geht darum, unter welchen Umständen man lebt.

Ja, und er will zurück in die Form, die er vorher hatte.

Hatte, ja.

Und das kann er nicht mehr, weil die Frau sich inzwischen weiterentwickelt hat und ihn so, wie er war, nicht mehr akzeptieren kann. Das heißt, er ersetzt den ersten Liebesverrat durch einen zweiten, oder er fügt dem ersten noch einen zweiten hinzu.

Frauen

Da wir bei Liebe, Ehe, Treue, Liebesverrat sind, welche Rolle spielen in Ihrem Leben die Frauen? Oder in Ihrer Literatur?

Eine große, kann ich da nur sagen.

Sie haben sogar mal das mittelalterlich anmutende Wort Frauendienst gebraucht. Was ist damit gemeint?

Mutter, um 1930

Auf diesen Begriff kam ich, mittelalterlich ist er tatsächlich, beim Nachdenken über mein Verhältnis zu Frauen. Da fiel mir ein, daß die Verehrung, die ich dem weiblichen Geschlecht sozusagen von Natur aus entgegenbringe, wahrscheinlich auch mit meiner katholischen Vergangenheit, nämlich mit der Marienverehrung zusammenhängt. Schon meine Kindheit war davon geprägt. Hinzu kam dann die Prägung durch das Kriegserlebnis, und zwar in einer ganz entscheidenden Phase, so zwischen 16 und 18 Jahren, wo eigentlich die Beziehungen zum anderen Geschlecht entstehen, wo man erste Erfahrungen sammelt. Ich aber lebte damals in Kasernen, wo es keine Frauen gab, wo Frauen gar nicht ins Blickfeld kamen. Was natürlich zur Folge hatte, daß jede Frau heilig gesprochen wurde. Eine Frau an sich war schon etwas Besonderes, jede wurde idealisiert und hatte mit der Realität so wenig wie die Madonna zu tun. Daher wohl die idealisierten Frauengestalten.

Und noch etwas: Frauen hatten nie etwas mit den Ängsten meiner Kindheit und Jugend zu tun. Die Gefahr ging immer von Männern aus.

Nun leuchten natürlich bei uns Enkeln von Freud alle Warnlampen auf, wenn man so etwas hört: Marienverehrung, Idealisierung von Frauen. Und man denkt, um Gottes willen, das ist ja der Kern für große Konflikte im realen Leben, wenn man Frauen so idealisiert. Da kann man ja eigentlich immer nur enttäuscht werden von der Wirklichkeit, und das ist ja dann ein Riesenproblem, aus dem sicherlich auch viele literarische Konflikte entstehen?

Ja, das ist auch das große Problem. Man tut den Frauen übrigens auch keinen Gefallen damit. Ich habe relativ spät erkannt, daß das auch den Frauen gegenüber unfair ist, weil das immer zur Folge hat, daß man sich ein Bild macht, dem die Frauen niemals entsprechen können.

Traditionslinien

Herr de Bruyn, 40 Jahre lang zwei deutsche Staaten, bedeutete das aus Ihrer Sicht auch zwei verschiedene Kulturen? Und bezogen auf den Schriftsteller, auch zwei Literaturen?

Nein, das hat es für mich nie bedeutet. Ich habe mich während der DDR-Zeit mit diesem Problem beschäftigen müssen, um der Behauptung der SED, es gäbe zwei deutsche Nationen mit zwei Literaturen, entgegentreten zu können. Diese These mußte mich schon deshalb empören, weil sie ganz theoretisch, aus aktuellen politischen Absichten laut Parteibeschluß festgelegt wurde und weil ich dann sehen mußte, wie eilfertig manche Professoren auf die neue Linie umschwenkten und die Weisheit der Partei bejubelten. Das war schon widerlich.

1989, als die DDR bankrott war, hat niemand mehr die Einheit der Nation und der nationalen Kultur in Frage gestellt.

Ich war immer und bin auch heute der Meinung, daß eine Kultur, die sich in Jahrhunderten entwikkelt hat, nicht in 40 Jahren auseinanderfallen kann. Für die Literatur gilt das natürlich auch.

Man hat ja die Argumente im Grunde gar nicht verstehen können. Sie haben Böll gelesen, im Westen wurden Christa Wolf, de Bruyn und andere gelesen. Eigentlich war die Realität doch immer die, daß es eine Literatur, eine deutschsprachige Literatur gab?

Ja, für mich war das immer so.

War das denn ein rein politisches Argument?

Na sicher, es wurde direkt aus der aktuellen Politik heraus entwickelt, und das hielt ich immer für unsinnig. Die Entwicklung der Kultur vollzieht sich in viel weiteren Bahnen, in viel größeren Zeiträumen. Mir mußte das besonders deshalb so unsinnig vorkommen, weil mir mehr als vielleicht manch anderem Autor klar war, wie stark besonders die Literatur doch von Traditionen, das heißt in unserem Fall von deutschen und europäischen Traditionen bestimmt war. Bei aller gegenseitigen Beeinflussung der nationalen Literatur war jeder Autor natürlich, ob er es wollte oder nicht, ob er es wußte oder nicht, an nationale Traditionen gebunden.

Deshalb haben Sie wahrscheinlich auch immer den Begriff der Kulturnation vorgezogen?

Ja, aber dieser Begriff bedarf wohl noch genauerer Festlegung. Ich habe häufig in Diskussionen gemerkt, daß man sich darüber nicht einig wurde, weil jeder eine andere Auffassung davon hatte.

Sowohl von Kultur wie von Nation?

Ja, eben.

Aber Sie haben damit doch die Priorität der Kultur vor dem Staatlichen, vor der staatlichen Organisationsform dokumentiert?

Wissen Sie, wenn Schriftsteller theoretisch argumentieren, hat es immer mit ihnen selbst etwas zu tun, in meinem Fall mit engen Bindungen an deutsche Kulturtraditionen, nicht an Staaten.

Wie würden Sie denn Ihre Traditionslinie beschreiben? Welche Namen sind Ihr Referenzsystem in der deutschen Literatur? Sie haben ja einmal ein ganzes Buch über Jean Paul Friedrich Richter geschrieben.

Das ist eine Frage, die man als Autor ungern beantwortet, weil man Gefahr läuft, sich damit aufzuwerten, indem man sich selbst in eine Reihe von großen Namen stellt. Aber man sieht sich natürlich in solch einer Reihe, die für mich etwa von Jean Paul über

Um 1955

Fontane zu Thomas Mann geht. Das ist eine Traditionslinie der deutschen Literatur, die man als die des humoristischen Romans bezeichnen kann.

Wie sind Sie denn auf die Idee gekommen, ein ganzes Buch über Jean Paul zu schreiben?

Das ergab sich zwangsläufig. Ich habe immer sehr viel gelesen. Jean Paul gehörte zu den Autoren, die ich relativ spät entdeckte. Ich habe mit 20 Jahren Jean Paul noch nicht lesen können, meine Versuche scheiterten. Aber mit 30 vielleicht habe ich angefangen, ihn zu lesen. Und je mehr ich ihn las, desto vertrauter wurde er mir. Ich entdeckte eine persönliche Verwandtschaft, und da er in seinen Romanen und Erzählungen unentwegt von sich selbst redet, wurde so auch die Neugier auf sein Leben wach. Es kam dann freilich noch hinzu, daß es über ihn sehr wenig gab, es sind kaum Biographien über ihn geschrieben worden. Das spielte auch eine Rolle. Und schließlich hatte ich das Glück, daß durch einen Zufall der ganze Nachlaß Jean Pauls, der sehr umfangreich und zum Teil gar nicht aufgearbeitet ist, in Ostberlin in der Staatsbibliothek lag. Der war im vorigen Jahrhundert aus München hierher gekommen, weil die Bayern keinen Wert auf ihn legten.

Ich schrieb das Buch in einer Zeit, in der ich in der DDR eingesperrt war und nicht reisen konnte. Es war eine eigenartige Situation, denn Jean Paul ist ja ganz stark an seine Heimat Franken gebunden, wo ich noch nie gewesen war. Ich kam mir vor wie Karl

May, der über Amerika schrieb, ohne dort gewesen zu sein. Ich habe das erste Mal nach Franken fahren können, als ich das Buch fertig hatte.

Dann ist das ja ganz anders als im Fall Fontane. Bei Jean Paul hatten Sie den Zugang über die Person, die Verwandtschaft, die Sie empfunden haben, und bei Fontane, wenn ich das recht sehe, ging die Verbindung zu Ihnen von der Region, der Mark Brandenburg, aus, während Sie gegenüber der Person eher Vorbehalte hatten? Sie haben ihn mal als Anpasser bezeichnet.

Ja, aber das dürfen Sie nicht so ganz ernst nehmen. Wissen Sie, vieles, was man behauptet, entspringt ja oft, das wird mir nachträglich immer wieder klar, natürlich auch einer Opposition gegen vorgegebene Festlegungen. Nachdem man in der DDR Fontane immer aufgewertet und fast zum Sozialisten gemacht hatte, war es für mich notwendig, jetzt auch seine andere Seite zu zeigen. Das habe ich vielleicht ein bißchen übertrieben, aber etwas ist schon dran. So ganz hergeholt ist das nicht, denn Fontane war ein Großteil seines Lebens doch ein sehr konservativer Mensch. Er war einer, der im Alter nicht konservativer, sondern kritischer wurde.

Ja, und am Anfang auch, 1848 …

Ja, er war 1848 bei den Revolutionären, und schon 1850 steckte er im konservativem Lager. Das ist schon mehr als Anpassung. Er hat sich, wie er selbst sagt, verkauft. Aber dieser mittlere Fontane, wie man in der Litraturwissenschaft sagt, ist bis heute noch relativ unerforscht. Man kennt den jungen, den revolutionären Fontane und dann eben den alten, der die großen Romane schreibt und das Bismarck-Reich kritisiert.

Wir waren bei der Tradition, bei Ihrer Tradition, Ihren Referenzgrößen, das waren Fontane, Jean Paul und Thomas Mann?

Ja, aber vielleicht kann ich da noch mal einhaken. Für mich selbst spielen Jean Paul und Fontane, glaube ich, die größte Rolle. Wobei ich immer denke, was man übrigens selbst schwer beurteilen kann, daß Fontane ein Vorbild für mich ist, das mich wirklich beeinflußt und meine Art zu schreiben mitbestimmt hat. Während das bei Jean Paul, glaube ich, kaum der Fall ist. Wer meine Bücher liest und die Jean Pauls, wird kaum darauf kommen, daß ich von Jean Paul beeinflußt bin. Während im Gegensatz dazu die Beeinflussung durch Fontane ganz offensichtlich ist. Das hängt auch ein bißchen mit meiner Art zu sehen und zu schreiben zusammen, ich meine, wie Schreiben und Erleben bei mir zusammengehören. Ich brauche beim Romanschreiben in erster Linie sinnliche Eindrücke, die unter anderem auch durch Landschaften und Örtlichkeiten erzeugt werden können. Es fällt ja auf, daß ich niemals Romane in Landschaften spielen lasse, die ich nicht genau kenne.

Fontane ist übrigens ein Autor, der mich von Kindheit an begleitet hat, im Gegensatz zu Jean Paul.

Die »Wanderungen durch die Mark Brandenburg« im besonderen, oder?

Alles, so nach und nach. In der Schule habe ich bloß Fontanes Balladen gekannt, aber sehr früh schon haben die »Wanderungen durch die Mark Brandenburg« bei mir eine Rolle gespielt, später erst die Romane. Heute sind es besonders die Altersromane, »Der Stechlin« vor allem.

Ja, mir leuchtet das ein, wenn man seinen Herkunftshorizont bis zu Fontane, Jean Paul und so weiter ausrichtet und dort seine Tradition sieht, daß einem dann die Idee von zwei verschiedenen Literaturen und von zwei verschiedenen Kulturnationen in Deutschland absurd vorkommt. Sie haben die These von zwei Literaturen auch immer wieder abgelehnt. Trotzdem noch die Frage: Gibt es zwei Wege in der Rezeption und in der Interpretation von Literatur, in der DDR und in der Bundesrepublik, über die 40 Jahre? Mir ist irgendwann einmal aufgefallen, daß bei Goethe, einer sehr komplexen Persönlichkeit, einem sehr komplexen Werk, in der DDR ganz andere Seiten hervorgehoben wurden als in der übrigen Goethe-Rezeption. Da war Goethe auch schon beinahe ein Sozialist. Das heißt, ich hatte immer den Eindruck, daß sich in den beiden Teilen Deutschlands doch zwei verschiedene Interpretations- und Rezeptionsmuster entwickelt hatten.

Ja, das war ohne Zweifel so. Literatur wurde von ganz verschiedenen Ansätzen her betrachtet. Ich glaube, daß man irgendwann einmal merken wird, daß das sehr fruchtbar gewesen ist. Denn die Literaturwissenschaft der DDR, die ja in der ersten Zeit sehr dogmatisch war, hat sich doch in den letzten zwanzig Jahren sehr gut entwickelt. Und ich glaube, alle Überspitzungen in bezug auf Sozialismus beiseite, daß es auch ein sehr fruchtbarer Ansatz war, insofern nämlich, daß er die Literatur sehr viel stärker vom sozialen Umfeld her betrachtet hat, und der sich noch weiter gut auswirken kann.

Glauben Sie, daß sich das automatisch ergibt, oder bedarf es dazu einer bestimmten Haltung und Bereitschaft zur Integration?

Nein, ich denke, daß das einfach dadurch entstehen wird, daß es einige Arbeiten aus der DDR gibt, die aufgrund ihrer Qualität weiter ihre Wirkung ausüben werden. Die marxistisch erzogenen Wissenschaftler, die zu selbständigen Arbeitern wurden, haben vom marxistischen Ansatz her einfach fruchtbare Sachen gemacht, die ihre Einflüsse weiter ausüben werden. Das glaube ich schon, und es wird sich herausstellen, wenn die aktuelle Polemik vorbei sein wird.

Berlin, 1993

Ja, und entscheiden darüber nach Ihrer Meinung eher die Literaturwissenschaftler oder die Produzenten der nächsten Generation von Literatur, also die Schriftsteller?

Nein, ich glaube nicht die Schriftsteller. Wenn Sie von verschiedenartiger Rezeption sprachen, gehört natürlich auch die Verschiedenartigkeit dazu, mit der die aktuelle Literatur aufgenommen wurde. Da gab es in der DDR, sozusagen als die Kehrseite der Zensur, eine Leserschaft, die darauf trainiert war, zwischen den Zeilen zu lesen. Wie groß sie war, diese Leserschaft, lasse ich dahingestellt, vielleicht haben wir sie für größer gehalten, als sie wirklich war. Aber es gab sie, und sie lasen manche versteckte Wahrheit aus den Büchern heraus. Das machte das Schreiben von kritischer Literatur in der DDR so erfreulich, gab dem Autor ein großes Selbstwertgefühl.

Das Gefühl, daß die Leute, die das lesen, auch zwischen den Zeilen lesen würden?

Ja, das merkte man sehr genau.

Wissen Sie eigentlich, wie hoch Ihre Auflagen in der DDR-Zeit waren?

Das weiß ich jetzt nicht so aus dem Kopf, aber im großen und ganzen waren sie relativ hoch.

Roman-Auflagen unter 10 000 gab es praktisch nicht, auch bei Anfängern nicht. Das ist für westliche

Verhältnisse enorm hoch. Daß das möglich war, hatte verschiedene Gründe. Einmal die niedrigen Bücherpreise, und dann die geringe Konkurrenz auf dem relativ kleinen Buchmarkt.

Wirklichkeit entdecken

Eine etwas neugierige Frage, die ich selber gar nicht beantworten könnte: Welche Literaten aus der DDR-Zeit, glauben Sie, haben den Rang, jetzt auch gesamtdeutsch und international rezipiert zu werden? Wir haben ja vorher schon einige gekannt, die auch bei uns verlegt wurden, Christa Wolf, Heiner Müller... Aber ich denke, es gab doch auch noch Schreibende, die wir im Westen gar nicht so wahrgenommen haben. Und was wird aus denen?

Da muß ich Sie enttäuschen mit meiner Antwort. Ich glaube, daß es in den letzten zwanzig Jahren kein Talent in der DDR gegeben hat, was vom Westen nicht schon entdeckt worden wäre. Die westdeutschen Verlage haben sich sehr um die DDR-Literatur gekümmert. Manchmal war es so, daß Talente im Westen eher bekannt wurden als in der DDR, wo sie Schwierigkeiten hatten. Auch wissen wir nicht, ob unsere heutige literarische Rangfolge in zwanzig oder fünfzig Jahren noch gelten wird. Wahrscheinlich nicht.

Es hängt ja wohl auch von Zufällen ab?

Ja, es hängt von Zufällen ab, aber natürlich auch von der historischen Entwicklung, die man schwer einschätzen kann.

Für die zwanziger und dreißiger Jahre zum Beispiel war Gerhart Hauptmann der bedeutendste Schriftsteller Deutschlands, der Goethe des 20. Jahrhunderts, obgleich es die »Buddenbrooks« und den »Zauberberg« schon gab. Warum, das ist schwer zu sagen.

Noch einmal zur Rolle des Schriftstellers, aus Ihrer Sicht und Ihrer Erfahrung: Welche Aufgabe hat nach Ihrer Meinung der Schriftsteller in einer Kulturnation wie Deutschland? Worin besteht seine Möglichkeit, etwas zu bewirken?

Das zu sagen fällt mir schwer. Darauf bin ich nicht trainiert.

Sie haben selbst einmal gesagt: Die Aufgabe ist die Entdeckung von Wirklichkeit.

Ja, mir war das zu DDR-Zeiten klar. Da gab es eine Zensur. Es gab eine vorgeschriebene Wahrheit und viele tatsächliche Wahrheiten, die nicht gesagt werden durften.

Da war es Aufgabe des Schriftstellers, den geringen Raum, den man als Autor hatte, ständig zu erweitern, in bezug auf das Aufzeigen der wirklichen

Wirklichkeit. Das hat sich heute verändert, denn wo das Wort frei ist, wird es auch ein wenig beliebig, und es bedarf nicht mehr unbedingt des Schriftstellers, es zu sagen. Dafür gibt es den kritischen Journalismus. Und doch glaube ich, daß die Entdeckerfunktion der Literatur weiter besteht. Sie kann im Menschen und in seiner Umwelt Züge entdecken helfen, die der Allgemeinheit verborgen bleiben.

Ja, also die Decke wegziehen von der Wirklichkeit und etwas bemerken, was andere noch nicht bemerkt haben?

Ja.

Das wäre etwas anderes als die Rolle, die in der westlichen Bundesrepublik viele Autoren in ihrem Selbstverständnis vor sich sehen, nämlich, daß sie vor allem eine kritische Funktion haben.

Ich meine das auch als kritische Funktion, denn etwas aufdecken kann auch kritisieren heißen.

Ja, ich wollte aber hinaus auf den Unterschied in der Reihenfolge. Es ist ja etwas anderes, ob ich erst Wirklichkeit entdecke oder ob ich das, was ich schon entdeckt habe, kritisch beurteile.

Mir ist das zu theoretisch. Normalerweise arbeitet ein Autor nicht nach theoretischen Vorgaben, sondern ganz subjektiv, aufgrund von Erlebnissen, meist schmerzlichen Erlebnissen. Er versucht den Schmerz loszuwerden, indem er ihm eine künstlerische Form gibt. Literatur entsteht dadurch, daß aus dem subjektiven Ansatz etwas allgemeines wird, daß es Bedeutung auch für andere bekommt. Das aber ist nicht oder kaum kalkulierbar. Deshalb nutzen dem Autor theoretische Ansätze wenig. Besser ist, sie zu vergessen und sich auf die Subjektivität zu verlassen. Im Glücksfall erlebt man dann bei Erscheinen des Buches die freudige Überraschung, daß das, was man nur für die eigene Sache hielt, auch die vieler anderer ist.

Das leuchtet mir ein, und es wäre insofern eine Frage an den Literaturwissenschaftler oder Literaturbeobachter, nach der Funktion des Schriftstellers zu fragen. Das ist nicht die erste Sorge des Schriftstellers selbst.

Was ich noch schreiben will

Wenn Sie so klar formulieren, daß am Anfang eines Romans oder eines Buches ein Erlebnis, meist ein schmerzliches Erlebnis steht, kann man dann überhaupt Pläne machen? Können Sie sich auf lange Sicht vornehmen, das und das will ich noch schreiben? Oder lassen Sie es darauf ankommen, wenn Sie etwas erlebt haben, das dann erst in Worte zu fassen?

Es ist berechtigt, daß Sie mir diese Frage stellen. Als ich jünger war, hätte ich Ihnen ohne weiteres zugestimmt. Ich habe früher so geschrieben, daß ich zwar immer Pläne hatte, sie aber alle verworfen habe, weil mir irgend etwas dazwischen kam. Aktuelles erschien mir dann wichtiger. Je älter ich werde, desto langsamer schreibe ich, und auch im Ändern meiner Pläne bin ich nicht mehr so schnell.

Ich glaube heute zu wissen, was ich in den paar Jahren, die noch bleiben, schreiben werde. Dazu gehört auch ein Roman, den ich schon lange vor mir herschiebe. Aber auf eigenem Erleben beruht dieser Plan auch. Wenn ich diesen Stoff, den ich schon so lange mit mir herumtrage, in den nächsten Jahren niederschreiben werde, wird er natürlich viel von seiner Gegenwart annehmen.

So daß es auch ein Unterschied ist, ob Sie das gleiche Thema und den gleichen Roman im Jahre 1990 oder 1995 schreiben?

Ganz bestimmt, ja. Wenn Sie heute noch einmal meine Jean-Paul-Biographie, die 1975 erschienen ist, lesen würden, würden Sie merken, daß es ein ganz eng an diese Gegenwart gebundenes Buch ist. Wenn ich das heute schreiben würde, dann würde es anders sein. Es wäre in seinem Wesen natürlich auch dieses Buch, aber ich hätte es anders geschrieben. Dieses Jean-Paul-Buch enthält nämlich viel von meinem eigenen Leben in dieser Zeit.

1985

Sie haben gesagt, daß Sie in Ihrem jetzigen Alter stärker planen als früher. Ein bißchen von den Plänen haben Sie verraten, indem Sie sagten: Dann und dann kommt ein Roman, der sich auf ein Erlebnis bezieht, das ich in den und den Jahren hatte. Wollen Sie noch mehr verraten von Ihren Plänen?

Ich habe als letztes Buch die »Zwischenbilanz« veröffentlicht, meine Autobiographie, die mit Beginn der deutschen Teilung 1949 endet. Und ich werde als nächstes Buch die Fortsetzung dazu schreiben, die für mich selbst im Arbeitstitel »40 Jahre« heißt. Das sind die 40 Jahre in der DDR, wie ich sie erlebt habe. Das wird kein Buch über die DDR, sondern ein Buch über mein Leben in der DDR. Das ist auf jeden Fall das, woran ich jetzt im Augenblick arbeite und was ich hoffe, irgendwann abschließen zu können.

Das wäre dann aber wieder eine Zwischenbilanz, denn zu Beginn Ihrer ersten »Zwischenbilanz« heißt es: Die Bilanz meines Lebens werde ich mit 80 ziehen. Und das wäre erst im Jahre 2006.

In diesem ersten Satz zeigt sich mein Optimismus erstens darin, daß ich hoffe, 80 zu werden, und zweitens, daß ich annehme, bis dahin noch viel gelernt zu haben. Vielleicht wird dann die »Bilanz« meines Lebens anders ausfallen als die »Zwischenbilanz«, die ein Sechzigjähriger begonnen hat.

Haben Sie, wenn Sie eine Autobiographie schreiben, auch Ihre Leser im Auge, oder konzentrieren Sie sich dann ausschließlich auf sich selbst?

Nein, ich habe beim Schreiben immer den Leser vor Augen, aber ganz abstrakt, und zwar nur in bezug auf die sprachliche Gestaltung. Also, ich denke an die Leser insofern, daß ich mir bei jedem Satz genau überlege, kann ein anderer Mensch das verstehen und wird er es genauso verstehen, wie ich es meine. Ich versuche immer mit den Augen eines anderen meine eigenen Sätze zu lesen und stelle dann oft fest, nein, das muß anders gemacht werden, sonst ist es mißverständlich. Insofern habe ich schon immer den Leser vor Augen, aber nicht in bezug auf das Inhaltliche.

Kennen Sie Ihre Leser? Es gibt ja zwei Typen von Lesern, die einen, die aus der Tradition der DDR kommen und Sie lesen, und die anderen, die aus der Tradition der Bundesrepublik kommen und Sie auch lesen. Haben Sie Rückmeldungen von Lesern, aus denen Sie Schlüsse ziehen?

Viele, viele, ja. Also so viele, gerade bei der »Zwischenbilanz«, daß es langsam über meine Kräfte geht, die zu beantworten. Ich habe, als ich anfing zu schreiben, mir einen Schwur geleistet, und den bisher auch gehalten, daß ich alle Leserbriefe beantworten werde. Aber ich zweifle jetzt daran, ob ich das noch durchhalten kann.

Doch zu Ihrer Frage Ost- und West-Leser: Da muß ich Sie leider enttäuschen. Alle meine Bücher vorher, bis auf diesen mißglückten »Hohlweg«, sind auch im Westen erschienen. Ich hatte insofern immer schon Beziehungen zu den Lesern hier und dort. Und ich habe da kaum Unterschiede feststellen können, außer, daß bestimmte, ganz DDR-spezifische Dinge in der DDR natürlich besser verstanden wurden oder daß jemand, der in der DDR lebte, von bestimmten kritischen Passagen in einem Buch stärker berührt war, als jemand, der im Westen lebte und den etwas ganz anderes daran interessiert hat. Aber im wesentlichen, gerade jetzt bei der »Zwischenbilanz« ist das ganz auffallend, bestehen da für mich überhaupt keine Unterschiede. Das hängt allerdings auch damit zusammen, daß etwa neunzig Prozent aller Leute, die mir schreiben oder die mich ansprechen, vorwiegend Leute meines Alters sind, das heißt also Leute, die alle noch ein zusammengehörendes Deutschland erlebt haben. Das wäre anders, wenn ich sehr viel jünger wäre, und es wird jetzt auch anders sein, wenn ich über die DDR schreiben werde. Das merkte ich schon im letzten Kapitel der »Zwischenbilanz«, wo ein kleiner Ausblick auf die DDR gegeben wird. Darauf reagieren die Leser aus Ost und West verschieden und die aus der ehemaligen DDR, die mit meiner Sicht nicht einverstanden sind, emotionaler.

Können Sie sich Ihren Erfolg in Westdeutschland erklären? Das ist ja ein, man kann fast sagen spekta-

kulärer Erfolg, den Sie mit Ihren Büchern haben, auch wenn Sie zu Lesungen eingeladen werden. Fast jeder kennt Sie, hat irgend etwas von Ihnen gelesen, und das ist ja scheinbar wie aus dem Nichts entstanden. Haben Sie eine Erklärung dafür, woran das große Interesse der Leute liegt?

Mich hat das sehr überrascht, und es überfordert mich manchmal, macht mir auch ein bißchen angst, weil bei solch einem Erfolg auch immer ein Erwartungsdruck entsteht. Und man fürchtet, daß man dem nicht entsprechen kann. Wahrscheinlich hängt der Erfolg auch damit zusammen, daß ich mir eine Sicht der Dinge erhalten habe, die nicht DDR-gerichtet war. Dieser objektive Blick ist wohl die notwendige Grundlage dafür, aber mehr auch nicht.

Gehe ich nach den vielen Leserbriefen, die ich bekomme, so scheint der Erfolg darauf zu beruhen, daß die Leser sich in dem Buch wiedererkennen, meine Erlebnisse und Gefühle für eigene halten. Aber darauf beruht ja wohl alle Wirkung von Literatur.

Dr. Ingo Hermann (links) hat das Gespräch mit Günter de Bruyn geführt. Er ist 1932 in Bocholt/Westfalen geboren, studierte Theologie, Philosophie und Pädagogik, ist Leiter der Abteilung Kultur, Bildung und Gesellschaft beim ZDF und Herausgeber der Reihe »Zeugen des Jahrhunderts«.

Anhang

Günter de Bruyn
Biographische Notizen

1926	Am 1. November in Berlin geboren
1943–1944	Kriegsdienst als Luftwaffenhelfer
1944–1945	Soldat. Eine schwere Kopfverwundung, die zeitweise sein Sprachzentrum lähmte, blieb nicht ohne Einfluß auf seine spätere literarische Tätigkeit.
1945	Nach kurzer Kriegsgefangenschaft Landarbeiter in Dransfeld bei Göttingen
1946	Neulehrerkurs in Potsdam
1946–1949	Dorflehrer in Garlitz (Havelland)
1949–1952	Besuch der Bibliothekarschule in Ostberlin
1952–1953	Bibliothekar in Ostberlin
1953–1961	Wissenschaftlicher Mitarbeiter am Zentralinstitut für Bibliothekswesen der DDR
ab 1961	Freiberuflich als Schriftsteller tätig
1963	Sein erster Roman, »Der Hohlweg«, erscheint und wird ein Erfolg; Auszeichnung mit dem Heinrich-Mann-Preis. Der Roman hielt der Selbstkritik des Autors nicht stand, in dem Aufsatz »Der Holzweg« verwarf er 1974 das Buch.
ab 1980	Herausgabe der Buchreihe »Märkischer Dichtergarten« (zusammen mit Gerhard Wolf)

Weitere Hinweise auf das literarische Werk Günter de Bruyns finden sich auf der Seite 103.

Auszeichnungen u.a.

Heinrich-Mann-Preis (1964)
Lion-Feuchtwanger-Preis (1982)
Thomas-Mann-Preis (1989)
Heinrich-Böll-Preis (1990)
Großer Literaturpreis der Bayerischen Akademie der Schönen Künste (1993)
Ehrendoktorwürde der Universität Freiburg/Breisgau

Den Nationalpreis der DDR, der ihm noch im Oktober 1989 zuerkannt wurde, lehnte Günter de Bruyn unter Hinweis auf die »Starre, Intoleranz und Dialogunfähigkeit« der DDR-Regierung ab.

Günter de Bruyn: Lieferbare Bücher (Auswahl)

Babylon. Erzählungen. 1980/1993

Buridans Esel. Roman. 1968/1992

Das Leben des Jean Paul Friedrich Richter. Eine Biographie. 1975/1991

Jubelschreie, Trauergesänge. Deutsche Befindlichkeiten. 1991/1994

Märkische Forschungen. Erzählungen für Freunde der Literaturgeschichte. 1978/1993

Neue Herrlichkeit. Roman. 1984/1992

Preisverleihung. Roman. 1972/1993

Zwischenbilanz. Eine Jugend in Berlin. 1992/1994

Alle Titel sind im S. Fischer Verlag und im Fischer Taschenbuch Verlag erschienen.

Fotonachweis

de Bruyn privat: S. 25, 30, 34, 36, 38, 40, 43, 47, 75, 80
Britta Lauer: S. 93
Renate von Mangold: S. 66, 86
Peter Peitsch: S. 7, 53
ZDF: S. 98

Über die Reihe »Zeugen des Jahrhunderts«

Die Sendereihe »Zeugen des Jahrhunderts«, 1978 von Dieter Stolte und Karl Schnelting ins ZDF-Programm gebracht, stellt Persönlichkeiten vor, deren Lebensgeschichte zugleich Zeitgeschichte ist. Zeugen des Geschehenen: Frauen und Männer unterschiedlicher Herkunft, unterschiedlicher Berufe und unterschiedlicher Ansichten und Überzeugungen, denen eines gemeinsam ist: ihre Ausdrucksfähigkeit in der deutschen Sprache und die Kraft, reflektierte Erfahrungen und Erinnerungen mitzuteilen.

Mit den Gesprächsaufzeichnungen entstanden Bilder des Lebens – voller Tragik oft, aber auch voller Komik. Und immer voller Weisheit. Sehr persönlich erlebt und geschildert, sind die Gespräche doch zu Dokumenten geworden, die das 20. Jahrhundert mit seinen Errungenschaften, aber auch mit seinen Katastrophen, seinen Kriegen und seinen Verbrechen spiegeln.

Viele Zuschauer der Fernsehsendungen wünschen sich eine gedruckte Fassung der Gespräche, und zwar in Verbindung mit weiterführenden Informationen zu Leben und Werk der Zeugen. So entstand der Plan, über einzelne Zeugen eine Buchveröffentlichung herauszubringen, in der das aufgezeichnete Gespräch ein wesentlicher Teil des Buches ist, die Gesamtpublikation jedoch über den bloßen Abdruck des Gesprächsverlaufs hinausgeht. Herausgeber und Redaktion haben es übernommen, jeweils einen »Zeugen des Jahrhunderts« so vorzustellen, daß jüngere Leser Erläuterungen zu Leben, Werk und Umfeld vorfinden und älteren Lesern Erinnerung und Vergewisserung ermöglicht wird.

Die Gesprächsmitschnitte für den Druck zu überarbeiten, ließ sich vor allem von dem Grundsatz leiten, die charakteristischen Eigenarten des Gesprächs, seinen Stil und die Atmosphäre der Diktion zu erhalten. Lediglich die inhaltliche und sprachliche Redundanz des frei gesprochenen Wortes wurde gestrafft, um dem Leser ein zügiges und angenehmes Verfolgen der Erzählung möglich zu machen. Gleichwohl ist auch der gedruckten Fassung eines Gesprächs vor der Fernsehkamera anzumerken, daß es sich um mündliche Kommunikation handelte. Der Zeuge hat weder eine Monographie verfaßt, noch Memoiren geschrieben, sondern sich darauf eingelassen, sich des Mediums Fernsehen zu bedienen. Ein solches Gespräch steht gewissermaßen unter dem Zeichen des »Hier und jetzt im Fernsehen«. Das bedeutet unter anderem, daß Gedanken und Fragen dem ungeplanten Fluß des Gespräches folgen, manche systematisch oder geschichtlich »fällige« Frage nicht oder erst in einem anderen Zusammenhang gestellt wird, mancher Gedanke nur in dieser Situation so und nicht anders geäußert wird. In den Glücksmomenten solcher Gespräche findet der Zeuge aus dem Augenblick im Fernsehlicht eine Erinnerung, eine Perspektive oder eine Formulierung, eine neue Einsicht in die Zusammenhänge oder ein vergessenes Gefühl für sich selbst und die Zuschauer.

Daß für nicht wenige der Zeugen die freie Rede vor der Fernsehkamera ungewohnt war, wirkte sich im allgemeinen als Vorteil aus, da nicht die sonst oft übliche Medienroutine die Ursprünglichkeit der Rede verdarb.

Somit sind die Konzeption der Fernsehreihe und die Modalitäten der Aufzeichnung konstitutiv auch für die Buchreihe. Daß das gesamte Projekt »Zeugen des Jahrhunderts« für das Fernsehen der neunziger Jahre atypisch genannt werden muß – auch dies mag für das beständigere Medium Buch eher ein Vorteil sein.

Die Gespräche der Reihe sind keine schnellen Interviews mit vorformulierten Fragen und gestanzten Antworten, zum alsbaldigen Verbrauch bestimmt. Die Zeugen werden also nicht von einem »Talkmaster« vorgeführt und zur Schau gestellt; die egozentrische Selbstdarstellung des Interviewers ist ebenso störend wie die effekt- und beifallheischende Produktion von Bonmots und Kalauern.

Vielmehr lassen sich die Gesprächspartner aufeinander und auf die Möglichkeit eines zeitlich kaum beschränkten Gedankenaustausches ein. Das Ideal ist nicht das journalistisch konfrontative Interview, sondern der integrative, nachdenkliche und sympathetisch geführte Diskurs. Die wechselseitige Achtung, ja Sympathie, die geistige Wahlverwandtschaft der Gesprächspartner ist erwünscht, weil erst ein Klima des Verstehens jene Gesprächskultur ermöglicht, die hier angestrebt wird.

Die Gespräche fanden nicht in einem Fernsehstudio statt, sondern in einem Raum, der für die private oder berufliche Existenz des Zeugen kennzeichnend ist.

Auf die Aussagekraft dieser Bilder vom »Ambiente« des Zeugen muß ein Buch ebenso verzichten wie auf die Aussagekraft des Gesichtes mit seiner Mimik und seiner Geschichte. Es wäre jedoch ein Mißverständnis, wollte man ein Gespräch im Fernsehen als »bebilderten Hörfunk« auffassen. Die Sprache der Bilder fügt dem gesprochenen Wort nicht nur etwas Entscheidendes hinzu, es verändert auch die Art des Sprechens. Wer sich darauf verlassen kann, daß auch der Ausdruck des Gesichts und die Körpersprache wahrgenommen werden, formuliert anders, als wenn er sich nur auf seine Stimme und die Wörter stützen kann. Dies darf bei der Lektüre der vorgelegten Buchausgaben von »Zeugen des Jahrhunderts« nicht vergessen werden.

Die Fernsehaufzeichnungen, die von Maritta Fütterer betreut werden, umfassen jeweils mehr Material, als in die einzelne Fernsehsendung aufgenommen werden kann. Die zumeist auf 60 Minuten begrenzte Sendung folgt eigenen dramaturgischen Gesetzen. Die Buchausgabe stützt sich deshalb nicht auf die Sendung, sondern auf die Aufzeichnung, also auf das Gesamtmaterial des »elektronischen Archivs«, das im ZDF angelegt wurde und für eventuelle weitere Sendungen verfügbar bleibt.

Ingo Hermann